六妙門 講記

釋繼程 ■ 著

〔新版序〕寫給台灣讀者

六法修止觀數息為能入
妙不可思議通世出世間
門門相互攝次第而圓觀
講是止與觀記得要雙運

序六妙門講記 戊子十二月廿三

太平繼程并題

〔原序〕六妙門講記

第一屆與第三屆靜七的開示，我是以《小止觀》為課本講解，經過學生的記錄而成《小止觀講要》與《小止觀續講》二書，並將合編為《小止觀講記》。（編按：《小止觀講記》已由法鼓文化於二〇〇八年十二月出版）

第二屆與第四屆靜七，我都以《六妙門》為講解課本，第二屆靜七過後，蕭玲玲仁者為此作記錄。因過於簡略而無法出成一書。第四屆靜七過後，邵玉英仁者把錄音帶帶回柔佛，由多位佛友記錄整理而成。

其實早在我閉關時，曾就《六妙門》內容中幾章文字寫過幾篇論文提供給一些刊物刊用。

如今將這些與《六妙門》有關的文字作一綜合性的結集，再加上《六妙門》本文的標點本共出成一書為《六妙門講記》。

此書本擬在第二屆靜七後出版，但以因緣未具，幾經出版計畫的更動，今才終於與大家見面。想起此中過程，以及期間的人事變遷，更深體會世間無常之法則，更珍惜所能掌握之因緣。

值此書出版之際，略述成書過程。至於書的內容，請讀者、佛友自行閱讀，並祈從中獲益。

一九九一年元月十日凌晨於無住室

目錄

卷二 六妙門續講

卷三 六妙法門〔原文〕

卷四 六妙門析論

卷一

六妙門初講

天台止觀概說

《六妙門》是天台宗其中一部止觀，天台宗是教觀雙美的一個宗派，它很注重天台教學和天台止觀。教學是指思想和學理方面的發展，止觀則是指修持法門。

天台宗能在中國佛教占有一個重要的地位，除了它是第一個以中國人的方法來統攝整個佛教的宗派，另一方面是因為它的教學包含了理論和實踐的方法。中國佛教的修持法門，能夠兩方面並重的，只有天台宗最特出。其他的宗派，例如唯識宗、三論宗、華嚴宗比較偏重於學理；禪宗、淨土宗、密宗、律宗則比較偏重於實踐，在學理方面是弱一點。但是，後來的天台宗子孫都把重點放在天台思想，即是教理和教學方面，而忽略了止觀的教學，致使天台宗後來成為一個學術的宗派。

天台止觀法門講究次第（修行的層次），有層次的修行因為要一個步驟、一個步驟上去，所以比較慢一點。而禪宗是講頓悟的法門，所以當頓悟禪的方法在中國受到重視時，大家都把修持法門轉向那個方向去，天台的止觀就漸漸地被忽略了。禪宗的方法對根機比較利的人，效果很好，有智慧的人能夠通過這個方法而得到開悟。但是對一般人來講，這個方法會出問題。因為禪宗過分地注重它們的實踐，而忽略了教理的涵養。如果在解行方面有所偏重，就會導致你對所偏重的部分過分地發揚，而忽略了另一部分。所以一旦這種情形出現，不管對一個宗派或整個佛教來說，如果沒有全面性的發展，它就會沒落而衰微，印度佛教和中國佛教就有這種現象。

中國佛教過分注重禪和淨土，在學理方面沒有很好的發展，而導致了近代中國佛教沒落的現象。所以，有人提倡研究華嚴和天台宗。如果要研究天台宗，就應該從兩方面著手，除了天台思想的教學以外，還要注重它的行持部分。

在中國佛教，對印度禪比較有成就的人是智者大師。智者大師對止觀和禪波羅蜜這兩個法門有很深的體驗。他又是一位很有智慧的行者，將禪經、《大智度論》和他所修禪的經驗融合起來，再加上從印度禪得到靈感，發展出一套有程序的修持方法和修證過程的著作。他在天台山隱居十年，那個時候他的思想趨向圓熟，但還是非常注重止觀。

天台三大部就是天台最重要的三部論典，這些都是智者大師的著作。天台宗依《法華經》為最高依歸，故有《法華玄義》與《法華文句》。三大部的另外一部是《摩訶（大）止觀》，它就是圓頓止觀法門，是大師止觀思想達到圓熟階段所講述出來的一部作品。不過，這一部比較注重止觀思想的發揮。有關天台止觀的論著中，對修禪層次講得比較有條理的是《釋禪波羅蜜》，它把印度禪很有程序地結合起來，分成四個層次：(1)世間禪。(2)亦世間亦出世間禪。(3)出世間禪。(4)非世間非出世間禪。另外，《小止觀》對修禪也有很詳細、扼要的說明。還有一部就是《六妙門》。

六妙法門在《釋禪波羅蜜》裡被列在亦世間亦出世間禪，那即是說，如你修六妙法門，你可能證到世間的禪定，也有可能證到出世間的禪定。因為修這個法門可能得到的果報是不一定的，修行人的根基、所立的目標、修行的態度，都會影響所得到的果報。所以，它也被稱為「不定止觀」。

《六妙門》不是智者大師最重要的作品，《小止觀》是從《釋禪波羅蜜》的一部分修行方法整理出來的。這裡面對修行有很多指示，包括了基礎和方法。這四部止觀都有一個共同點：它們都有十章。在天台宗裡面，因為要讓十章圓滿完成，因此有些部分只是教理上的一些說明，並不屬於修行部分。《六妙門》也一樣，所以我們只要把重點放在有關修行方面的說明，其他的可略過去。

第一 歷別對諸禪六妙門

六妙法門是內行的根本，內行就是內心的修行。我們修行時，有兩種情形：一種是外在的，一種是內在的，佛教叫作內學，因為它很注重內心行持的提昇。我們稱非佛教為外道，這外道並不一定是不好的，實際上我們佛教也有很多外道。外道是心外取法，如你在心外還要追尋一個境界，還要尋求外在的力量，那就是外道。要修這內心的行持，就要修禪定或止觀法門。

一個宗教能夠注重個人的內修，認為自己本身才是解脫和提昇的主要力量，這個宗教才是文明的宗教。印度佛教和中國佛教，和後來西方所發展起來的宗教思想比較起來，它是比較注重唯心。偏於唯心會比較注重內在的修養和提昇，這種人會遷就環境而對物質方面的需求比較忽略。東方的思想跟自然比較接近，因為它比較注重內心的修養和提昇。

一、六妙法門簡介

如果學佛要有高層次的經驗，就要通過禪定，那就是一種內心的修持。你能夠和法性相應，開發智慧，就要靠這種內心的行持。六妙法門是內在行持很重要的方法，在修三乘道：聲聞、緣覺和菩薩道的時候，也要通過六妙法門。

世尊能夠證到佛果，也是因為他修六妙法門。他在菩提樹下，內思安般，即安那般那；安那（āna）為入息，安般那（apāna）為出息，安般禪就是以數息觀修禪的方法。

六妙法門就是數、隨、止、觀、還、淨。前面三個是屬於止的部分，後面三個是屬於觀的部分。止的部分是讓我們的心平靜下來；觀的部分是以平靜的心再去作觀想，對宇宙的真理或人生作深入的思考。

六即是數法，約數明禪，所以叫作六，約的意思即是數目字。佛教方面常有數目字的分類，這裡即是以數目字來作分類。例如一即是一禪、一行三昧；二即是止與觀；三即是三種三昧：空、無相、無著；四即是四禪；五即是五門禪；六即是六妙門；七即是七依定；八即是八背捨；九即是九次第定；十即是十禪支。一直這樣數下去，這都是修禪的一些名詞，這些名詞都有它的方法，有些是共通的，有些則不同。

它稱為六，即是約數法而標章。妙：即是說微妙的、奧妙的，也就是說這個法門非常好。門：是說依六妙可以進入通向涅槃的道路。

《六妙門》一共有十章，比較重要的是第二、三、四、五章，其他章有些只是講些理論或介紹而已。第一章只是一種說明，說明《六妙門》跟其他種種禪有何關係，它只是把禪的名相一一列出，這是為了要強調本身法門的重要。如果我們對一個宗教沒有全面性的認識，對它的方法、地位沒有給予適當的說明，那麼修學的人就會有所忽略，而導致出問題或沒什麼成就。

二、六妙法門的層次

六妙法門不會出問題，因為它有很好的理論說明作基礎。例如：用數息的方法入定作觀想，即能生出四禪定、四無量心、四無色定，然後達到非想非非想定。你還清楚知道非想非非想定不是涅槃的境界，如能往上再提昇，就能證到滅盡定，即是解脫道。

數息的工夫如用得好，就能證到「四禪」，四禪就是四根本禪。依四禪再作其他觀想，力量就很強，它亦能開發智慧。如果只攀住在四禪裡，即是一種定。能依四禪的四根本定來發智慧，是最好的階段，因為在四禪裡，觀想跟定的力量均等，要起觀想並不難；有了定，觀想就會發智慧，所以四禪也叫四根本定。

如依隨息，就會出生「十六特勝」。十六特勝即是十六種呼吸的方法，用功時氣在我們的體內所生起的種種變化。譬如我們隨息時，知道吸進的氣是長的或短的，呼出的氣是長的或短的，甚至氣進到裡面所產生的變化等。

用止來作妙門時，能發「五輪禪」，五輪禪跟我們的行持有很密切的關係。止的方法在止觀裡有很多種，六妙法門是一種。不管你應用什麼方法，你的心能止於一境，就包含在裡面。所以，數息、隨息、止息這三個層次都含在這個法門裡面。用這個方法，主要是讓你的心安定下來。

用觀來作妙門時，重點是放在「不淨觀」。從觀能出生九想、八念、十想、八背捨、八勝處、十一切處、九次第定、師子奮迅三昧、超越三昧、練禪、十四變化心、三明、六通及八解脫。這些在《釋禪波羅蜜》裡都被列在出世間禪裡，因為依照這方法能出世間。

五為還門，「行者若用慧行，善巧破折，反本還源」。「還」即是反本還源，就是我們在學習那些方法的時候，很多觀想都是外在的，如果我們能夠反觀回照，又善於分析，就能夠開發智慧，出生空無想無作、三十七品、四諦、十二因緣、中道正觀，因此就能入涅槃。因為「還」就是還觀後證到本性是清「淨」，清「淨」就是涅槃了。

這六種法門在應用時可以證到各種禪的境界，最後證到涅槃，所以它叫作六妙法門。

第二次第相生六妙門

《六妙門》把修行的程序講得比較詳細和適用的，就是這一章。這一章講次第相生，即是不間斷的數息，然後一個一個階段進入（從數→隨→止→觀→還→淨）。每一個法門又分成兩個部分：一是修法，另一是證法。

修法是說你在用這個法門；證法則是說你用這個法門已到了純熟的地步，能夠應用自如，然後又轉入另一個階段繼續用功。另一個說明是你修，然後證，證了就進入另一個更深的境界。這個叫次第相生，因為它是有次第、從修到證相續下去，一共有十二個層次，都講得相當有程序，這些程序都要用數息的方法做為基礎。

一、數息的方法

數息的方法有很多種，但是不論數入息或出息，都不可兩個一起數。如果入息、出息都算，就很容易分心。如果數息妄念在紛飛，呼吸沒有配合，即使從一數到十，這樣也不是在用功，因為數的念頭已成了慣性的妄念。遇到這種情形，我們應該調和或糾正，例如用倒數或跳數。

聖嚴法師曾將自己用數息法調心的歷程分作七個階段，並且用符號來表示其心態。我們可以拿來作參考，看看自己用功時的心態。

第一階段是數呼吸之前，沒有集中心力的對象，心念隨著現前的外境，或回憶過去、或推想將來，不斷地、千變萬化地起伏不已，生滅不已。這個階段最苦，因為我們根本用不上工夫，這是散亂心的一種狀況。

第二階段是數呼吸之初，數目時斷時續，妄想雜念，依然紛至沓來，但已有了集中注意力的主要對象。這個階段是方法開始用上，已經在培養一個力量，成為一個主要的力量來克服其他念頭。

第三階段是數呼吸之時，數目已能連續不斷達十分鐘以上，但是仍有許多妄想雜念，伴著數息的正念。

第四個階段是數呼吸之時，正念不斷、雜念減少，偶爾尚有妄念起落，干擾正念的清淨。

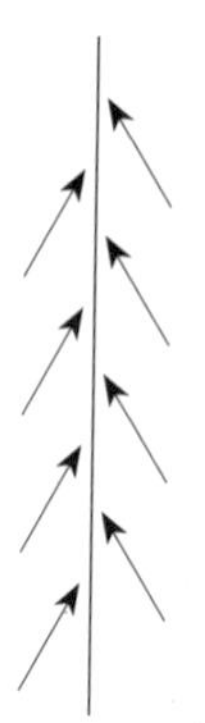

第五階段是數呼吸之時，唯有清淨的正念，不再有任何妄想雜念，但仍清清楚楚地知道，有能呼吸的自我，有被數的呼吸，有用來數呼吸的數目。實際上，雖到如此的心無二用之時，依舊至少還有三個連續的念頭，同時活動著。

第六階段是數呼吸，數到把數目及呼吸都忘掉了，感到身、心、世界的內外間隔沒有了，人我對立的觀念沒有了，客觀與主觀的界限沒有了，那是一種統一的、和諧的、美妙得無法形容的存在，那是充滿了愉快和力量的感受。此時，至少尚有一個念頭在。也唯有到了此時，始為與定相應的現象。

第七階段是數呼吸，數到身、心、世界全都不見了，時間與空間都粉碎了，存在與不存在的感受消失了，進入了虛空寂靜的境界，那是超越了一切感覺、觀念的境界，我們稱之為悟境。沒有符號能表示，一切言語、名字、形相，到了此處，均無用武之地了。

以上七個階段，第一是散亂心，第二至第五是集中注意力的過程，第六、第七是定境與悟境。

（一）修數與證數

數息可以分為兩種：一是修數，另一是證數。修數的時候，調和氣息到不澀不滑時（即是說已經能把握好用功的方法），從一到十能安詳徐數，把心收攝在數目上面，不讓它馳散掉，這種情形就是修數。

證數時是覺心任運，用功一下就能把心專注下來。從一到十，不必加任何力量，就能心住息緣（這是前面所提的第四階段，到了第五階段就能證數）。我們把心住在數息的緣上，心慢慢轉微細，就會覺得呼吸很粗，不想再數，那個時候我們如果把呼吸捨掉，就能進入隨息。

（二）修隨與證隨

隨息也分為修隨和證隨。把前面的數息捨掉，將心專注在隨息的出入。攝心緣息，沒有散意，就是修隨。

證隨者，如覺得心很微細，安靜不亂，能清楚感覺息長短遍身出入。心息任運相依，意慮恬然寧靜。那個時候，覺得隨息也很粗，也想捨掉，或感覺人很疲倦，不想再數下去時，應該捨隨修止。

（三）修止與證止

止也有兩種：一是修止，一是證止。修止是把種種的緣息掉，讓心安住在一個境界上面。證止時，只感覺身心泯然入定，沒有見到內外相貌，用定法持心，即是只有一種很微細的感覺，任運不動，止就是一種定境。修的時候叫作止，證到止的時候就是一種定境。

數息、隨息、止息，只是屬於止的部分。佛陀在教止觀（即是定、慧兩種方法）的時候，止的部分多是以數息為重，因為數息比較能對治我們的幻境與妄念。

接下去「觀」、「還」、「淨」三個層次是屬於觀的部分，再加上前面三個止的部分，就是止觀。所以，六妙法門就是止觀。它是以數息做為止的入門，觀方面跟佛陀的指導有很密切的關係，因為這裡所講的觀，實際上是以不淨觀為主。

二、觀想與智慧

《釋禪波羅蜜》將六妙法門列在「亦世間亦出世間禪」，因為六妙法門包含了止和觀兩個部分。止是世間禪，在出世間禪方面，就是以不淨觀為主，修不淨觀時，智慧開發，都是走向出世間的。

實際上，佛陀和其他禪師所發展出來的修禪法，我們把它歸納起來，就是修定和慧（我們在應用這方法時，就叫作止和觀）。最理想的是止觀雙修，即是定的工夫要學習，但是也不能夠忘記慧。因為如果沒有慧，我們就不能斷生死，只能停留在世間法的境界；要斷生死就必須要起觀想，進入觀的部分。我們用的方法暫時重點是放在止的部分，這定的修持實際上是慧的一種方便，因為如果沒有定，智慧就不能開發。

雖說我們也能通過一些外在的因緣，而了解到佛法裡面的一些慧學，但是這種慧學不是很有力量，或者只能說是別人的一種智慧，因為這種智慧沒有跟我們的生活、修持、體驗相應。要使得這慧和修持能相應，就必須要通過禪定。只有在定境中，那種極微細的念頭，才能夠和智慧相應。開發智慧就能夠見到一切法，包括人、自然和宇宙一切真正的面目實相。法相就是一切法的本來面目，如果我們契入法相，就不會被假相所迷惑，不會對假相起反應，那麼也就不會造業。沒有造業，我們就能了脫生死。

（一）修觀與證觀

要真正認識佛法，「應作實觀」。這世間的真相是什麼？我們就用這種相來了解它，而不作樂觀或悲觀。佛陀所說的法，都是以「四念處」（觀身不淨、觀受是苦、觀心無常、觀法無我）為主。四念處觀裡面，比較常應用的就是不淨觀。我們能夠依四念處安住而起觀想，就是在走向解脫的道路。

觀還可以是直接往內反省，觀我們正在用功的心。五蘊法就是識，即是心識。我們觀的多數是落在受、想、行，那些都是心所法。

（二）修還與證還

我們修「還」時，知道自己在作觀想，而這觀想是從我們的心生起來的。分析「淨」、觀「淨」也可以生智慧，可是這智慧不夠，還需再觀能觀的心，觀你能觀的心是怎樣生起來的？是從非觀的心生起來？還是能觀的心生起來？還是從亦是亦非的心生起來？還是從非是非非的心生起來？

觀的時候，我們會發現落到任何一句都有問題。從比較高的層次來分析這個句子，就會發現到，都沒有辦法把最根本的法則表達得更好。如果我們又去分析能觀的心是從觀的心生？還是從不觀的心生？如果是從能觀的心生，又要起觀做什麼呢？這不是觀上加觀嗎？如果我們說從不觀的心生，不觀的心即是滅了。不觀的心是從滅生，還是不滅生？如果是從滅的心生，滅了又怎樣去觀呢？如果從亦滅亦不滅的心生或是非滅非不滅心生也不對。所以，分析到最後都不對，只要心生起來都不對，只要去作觀也不對。

到了這時候，也就知道觀的心本來是不生，所以也即是空。空就沒有觀的心，沒有觀的心就是沒有執，也沒有得，境與智雙亡。此時我們就要捨掉還門，安心在淨。

（三）修淨與證淨

淨也有兩種，一是修淨，一是證淨。淨在這裡分析到最後，就是空的意思。在表達法則時，有時我們會用一些否定的句子，有時會用肯定的句子。肯定的句子多數用清淨，知色淨。實際上，從知道色法，受、想、行、識這一切，包括了內在、外在一切，都是屬於淨。因為是淨，我們就把幻想息滅下來；能夠息滅妄想，我們就是在修淨。

如果修的時候，把這些分別垢、我執全部觀它是淨，那麼觀淨時已經有唯心的思想在裡面；即是說觀心、觀一切法本來清淨，證到心清淨，我們就可以轉一切為淨法，所以色、受、想、行、識都是淨。證淨就是你的心跟慧相應，無礙方便。這時候，你的心隨時隨刻都安住在淨的境界裡。

我們觀眾生空的時候叫作觀，觀實法空叫作還，觀平等空叫作淨，這都是觀的層次。空三昧叫作觀，無相三昧叫作還，無作三昧叫作淨，所以一切外觀叫作觀，一切內觀叫作還，一切非內非外觀叫作淨。

次第相生我講得比較多，因為它跟我們修行的方法比較密切，而且相當實用。除了還跟淨，其他的在應用上都能用得上，次第相生是很有程序地從數息進入到淨的階段。

因為有這個程序，所以它要講修，也要講證，證到前面的層次後，它才能再往上推。這是一種有層次的修行方法，也是一種比較穩當的方法。

第三隨便宜六妙門

在修行上不能太死板，所以佛教也有隨便宜門。在《六妙門》叫作「隨便宜六妙門」，就是說隨著你的需求或者是適合你的方法來學六妙法門。如果要應用隨便宜六妙門，自己本身必須對這六個方法都懂，但並不一定要證到什麼境界。懂了六妙法門的基本方法，我們有時候可以從六個方法裡面隨便用一個。例如我們數息時覺得不大順暢，那麼可以改用止或作觀想。我們認為哪一個比較適當，就用那一個方法，沒有一個死板的規定。但是，我們絕對不可在一小段時間裡在這些方便中兜來兜去，因為這樣就不容易把心定下來。

眾生有很多根性，在不同的環境與狀況下，我們有時用某一些方法並不容易契入。所以，我們只有善巧地應用一些比較能起相應的方便法門，隨便宜而用，才能夠增長修禪的功德和智慧，甚至進入涅槃的境界。

這隨便宜的應用，除了上面所講，還有另一個作用，那就是在障礙出現的時候，可以取其中的一個方法去對治它。例如在修行時起害怕心，我們可以觀「還」，即是說觀這害怕的心是從哪裡生起來的？慢慢分析下去，不但知道害怕的心是空的，就連觀的心也知是空，也就沒有什麼好害怕了。

這便宜法門我們要善巧應用，但是也要小心選擇，勿妄行也！

第四對治六妙門

對治的六妙門是用在對治我們比較大的煩惱。我們在修行的過程中還有很多煩惱，所以要懂得怎樣用六妙法門去對治它。在所有的止觀裡面，對治的部分占了相當重要的位置。這說明了我們在修禪時，都會有這種現象出現。除了惡根顯現要對治外，也要對治魔事（魔有內在魔和外在魔），還有我們本身的毛病。惡根顯現時，便要去對治煩惱；對治魔事的時候，重點放在鬼神魔或天魔。

對治應靈活

對治是看需求而去應用的，它不是死板的。例如用在多貪的眾生中，我們可以用不淨觀，但是有時也可以用慈悲觀對治。基本上，應用時都有一定的方法，但這應用的方法都要跟《六妙門》所應用的方法有關。

《六妙門》把要對治的對象分為三種，即是報障、煩惱障、業障三種障礙，對治的方法跟我們用功有不一樣的地方。譬如多貪的眾生用不淨觀去對治，多瞋的眾生用慈悲觀，多癡的眾生用因緣觀，多散的眾生用數息觀，我慢的眾生用界分別觀，這都是可以應用的方法。

這三障在我們修禪的過程中會出現，合起來就是我們輪迴的現象。「煩惱」障就是惑，也就是無明。因無明我們才造「業」，造了業我們就去受「報」（苦），受了苦我們又再起「煩惱」，起煩惱我們又再造「業」，就這樣一直轉下去。

所謂障就是障礙，我們在承受一個業或果報的時候，它會形成一種障礙，障礙我們修行。修聞佛法有八種障礙，使得我們無法修行。三惡道就是苦的果報，生在長壽天會減少修行的機會，做了一件好事，也有可能會障礙我們學佛。那都是業障，不過惡業對我們的障礙比較明顯。有人在承受惡報的時候還是可以修行，因為逆緣會激發他向上的心。

（一）報障

報障分成三種。第一種是分別覺觀心，心散動而且攀緣諸境，這就是我們所講的攀緣心。覺觀心就是尋伺、思考，也是一種分析的力量。這種心如果在很細的時候去應用它，它就能夠分析真理。如果在開始用功，心還是很亂的時候去應用它，我們就會攀緣，不能收攝心。這種情形一出現，我們就要用數息觀去對治。

第二種是業報顯現，它有兩種現象，即是亦昏亦散。昏是無記心，暗是睡眠，散是心浮越逸（這裡所講的散跟我們所講的攀緣不一樣）。在這些情況下我們都不能用功，只能用隨息去對治它。我們把注意力集中在呼吸上，然後隨著它進、出，一時一刻都不放下這個呼吸。

第三種是心急氣粗，心散流動。這是一種散心，也是我們氣調得不好的緣故。這個時候，對治的方法是把心集中在一點上面，或是觀手掌、拇指交接的地方，也可用觀鼻息；慢慢去調它，調到它很細。如果氣很粗又急，就要寬身放息。首先放鬆身體，然後做幾個按摩運動或深呼吸；過後再調和身心的氣，把心集中起來，那就是用止的方法。

（二）煩惱障

煩惱障是指貪、瞋、癡種種煩惱。貪欲起來，可用不淨觀對治，不淨觀有九想觀、初背捨、二勝處。不淨觀又可分為觀外在、觀內在、觀一切不淨三種。而瞋心一起就要用慈悲觀，愚癡邪見起的時候就用還門。

上面所講的都是應用一些觀門去對治。用還門就是返照心，返照十二因緣，返照四聖諦。愚癡現象出現是因為我們在修學佛法時，正確觀念還沒掌握好，學了一些非正道的方法。所以我們在用功時，邪見會起，邪見一起，我們就要趕快對治它。

（三）業障

接下來是障道業而有的業障，它可用淨觀對治。這個淨，就是念佛。在大乘佛教，五門禪（停心觀）把界分別觀改成念佛觀，這和淨土法門的念佛不一樣。念佛觀在原始佛教已有應用，佛陀曾教導他的弟子在恐懼時要用念佛觀。他不是念佛號，而是憶念著佛，想佛的莊嚴相，念佛的功德、智慧和光明。

在這裡所講的念佛有三種，一種是念世尊或其他佛所顯現的好相，一種是念報身佛。報身佛有兩種，一是自受用的報身，一是他受用的報身。自受用的報身是證到佛果，自享用的涅槃報身。他受用報身是為菩薩說法的報身，初地菩薩有初地菩薩的金剛身，二地菩薩有二地菩薩的大身。所講的這些凡夫都無法見到，都是一種觀想而已。三是念法身。實際上法身根本沒有形像，法身就是法性，一切法都有法性，所以一切法都能顯現佛性。

這裡都是一些淨門的方法，淨就是觀本淨，本性清淨，不生不滅。觀這些，能對治障礙我們修行的業障。

第五相攝六妙門

佛法有很多法門，這些法門實際上都可以相攝相通。我們在修學佛法時，如果能從理論上去理解，然後在實踐上用理論的觀念來貫通它，這也是一種相攝相通。這種修法在原始佛教裡面已經有了。佛陀在講八正道的時候，就曾提到，不論是八個正道中的哪一個，如果能圓滿地去用它，每一個正道都含攝了其他七個正道。智者大師應用這種觀念在《六妙門》裡，所以《六妙門》也有相攝的部分。

相攝有兩種，一種是自體相攝，一種是勝進相攝。自體相攝是說每一個法門裡面，就含有其他法門。勝進相攝是說你修一個法門，就可以往上提昇，含攝其他法門，即是說它自己本身就含攝其他法門了。

一、自體相攝

文中只說明數息，後面的隨、止、觀、還、淨都不講，意思是說後面各門的相攝也是一樣的。所謂自體相攝，例如我們在數息中任運自攝，所以在數息時已經含攝其他五法在裡面。修行者在用功時善調心數息，當下就是數門。心依隨息而止，當下就是隨門。息諸攀緣，制心在數息，那就是止門。在修行時，分別知道心數法及息，而且還一一了了分明，那即是攝觀門。如果你在用功的過程裡面，心會動散，攀緣五欲，但知道五欲是虛誑的，而不受五欲左右，還歸數息，這就是還門。在數息時，沒有五蓋，也沒有其他粗的煩惱，身心寂然，就是淨門。我們在用功時若能夠用這理論貫通它，或心能安住在這境界，就含攝這六個法門了。這六個法門一一皆攝六門，就變成三十六妙門。

二、勝進相攝

所謂勝進相攝，是說你調心調得非常好，就可以相攝，這相攝能夠使得你上進。在修行時用心調心數息，從一到十，心不分散，這就是數門。當你數得很好時，靜心善巧，知道這息入中間，經遊至處，這些你都了了分明，就是隨息。你隨著它不亂，就能成就數法，同時也成就了隨門。

「數息時，細心善巧，制心緣數法及息，不令細微覺觀得起，剎那異念，分別不生，是則於數中成就止門。」這是說你在數中能讓你的心平靜下來，安住在數門。那麼你就是在止靜，從數息的方法成就止。

如在數息的時候成就息念，然後巧慧方便，再用靜鑒之心來觀照我們所應用的息的生滅相，又知身分剎那思想。陰入界法，如雲如影，空無自性，不得我執，證得我空。那時就在數息中成就慧觀。你在數息中同時了了分明，觀察到所數的呼吸、還有思想之類都是空無自性，而同時亦作觀想，觀想這息本身也是空無自性，生命體也是空無自性，這個時候你就在成就觀門。

當數息時，隨、止成就觀門，而且知道能觀的心是虛假，也善巧知道這所觀的心也是虛假，連所觀的法也是虛假，離知覺想，那個時候知道所數的息是虛誑的，就起觀照心，觀一切都是空無自性的，這就是還門。

在數息時，不但不得所觀能觀以慧方便，亦不得無能觀所觀。能觀所觀就是空，空了再空，連空掉能觀所觀的心也是空。知道本性是清淨的，法性也是虛空，所以不起分別心，這個時候，法性不管加什麼進去，本來就是清淨，不生不滅。修行者在這個時候，心同法性，寂然不動，就能在數息中，成就淨門。

我們學習六妙法門，只要學習一法，就可含攝其他五法。學習佛法也是一樣，如果我們懂得從佛法中去含攝世間其他法、其他宗教，那麼我們就能夠處處無礙、處處是在應用佛法。

第六通別六妙門

通別六妙門講到五種不同的層次，其中有兩種是凡夫的境界，三種是聖人的境界；聖人的境界，又分成小乘和大乘。

在修數息或是隨、止、觀、還、淨的時候，有五種現象可能出現。這要看你發心如何？立下的志願是什麼？

一、鈍根凡夫

有些人修禪是為了身體的健康，有些人則是貪取禪定的境界，不在提昇或上進，修到最高無想天上去，不能夠超越，這就是凡夫禪。

二、利根外道

有些根機比較利的外道修行者，由於所見不同，所立下的目標又不正確，雖然在修行上也有成就，不過這也只是外道禪。

有些人學了一些東西，沒有正見，就變成外道法。世俗的世間法，不能夠提昇它的價值，就是因為很多人在修行時不腳踏實地，要求神通、感應。

三、聲聞乘

在修聲聞的數息相時，就要發出離心，要求涅槃。在用這個方法時，先要調心，然後作四諦法的正觀止觀，觀四諦法、四念處法、三法印。這些都是你在修行時的方向，出離心能發，表示你的目標決定下來，修禪定時能了了分明，進而修四諦法、八正道，那就是聲聞的六妙法門了。

四、緣覺乘

如果是緣覺，就要觀十二緣起，取自然慧。緣覺乘比聲聞發更深的出離心，修行的人深知諸法因緣，所以不攀緣，遠離世間，和大自然接近。

在數息時知道數息就是有，有緣於取，取緣於愛，愛緣於受，受緣於觸，觸緣於六入，六入緣於名色，名色緣於識，識緣於行，行緣於無明。到這裡就起觀想，觀了就斷無明。通過這六妙法門裡的任何一個法門去觀十二緣起，就是緣覺。

五、菩薩乘

菩薩乘就不一樣了，菩薩的數息是為求一切智、佛智。佛智裡面又有自然智和無師智，例如如來的知見，如來的力、如來的無所畏，這些都是如來的功德。他愍念無量眾生，為使他們得到安樂，所以修數息。

如果要用這法門而入一切種智，就要入禪定，修數息觀。入一切種智就是佛了。聲聞和緣覺是求一切智，菩薩則修道種智，圓融以後就是一切種智，三種智慧。所以修菩薩道時，要先修一切智和道種智，最後圓滿就是一切種智。

要修菩薩道的六妙法門，就要念念以眾生為重，如此在修行時就能成就自己，也成就眾生。

我們在修行時，即使用同樣的法門，但是如果觀念不一樣、知見不一樣、發心不一樣，就會有不同的成果。在印順導師的著作裡，我們常常能得到一個提示，那就是在修行時要用理論來作基礎，然後用正見來領導，這樣才不會出問題或有差錯。

修六妙法門，我們知道有凡夫的境界，凡夫中又有外道；還有聖人的境界，聖人又可分小乘和大乘；小乘又分聲聞和緣覺，大乘則是菩薩道。這裡所講的「通別六妙門」，就是說這個門能通於一切，在應用時，愈高層次的法可以涵蓋下面的法門，但是它卻跟它們不一樣。所以，我們有五乘共法、三乘共法，但是到大乘時是大乘不共法。

第七旋轉六妙門

旋轉六妙門是講菩薩所行，它除了講到大悲心之外，還講到發大誓願，大誓願就是菩提心（愍念眾生就是大悲）。除此，它還強調智慧。我們曾講過三種智慧，包括一切智、道種智及一切種智。

一、一切智

一切智即是見空性的智慧，實際上是證到涅槃的智慧。你見到一切法的本性是空，你就會進入涅槃。但是這涅槃的境界在佛教裡還不夠究竟，因為這只是你個人的解脫。

二、道種智

菩薩道的智慧是道種智。道種智要觀一切法的實相，還要觀一切法的假相。一切法的實相是不生不滅，就好像我們講的虛空，不管我們用什麼東西來裝飾虛空，它還是本來清淨。你可以把所有的東西都從虛空掃出來，虛空還是不生不滅。你要能夠見到一切法的假相（就是緣起和合的相），也要能夠見到一切相的存在事實，而透過這一切存在的事實看到它的本性是不生不滅；你能看到不生不滅法，同時看到生滅法而進入涅槃，就能證悟到不生不滅法。如果你要度眾生，就要從不生不滅法回到生滅法，而這時你所見的生滅法和普通人所見的不一樣。如果你又能用理性去融合所見到的一切實相，這就叫道種智。

另外一種說法是如果我們以空來講，你證到涅槃時，是要證我空；證到這生滅的本體是空。行菩薩道時，還要進一步去證法空，用智慧去度眾生，最後證到我、人、眾生、受者以及一切法都是空，而你在當時又不否定它存在的事實（這裡所謂的空，應是否定一切存在的自性，但是肯定一切存在的存在）。

三、一切種智

如果你證到佛的境界，就是一切種智，一切智和道種智圓滿就成就一切種智。在天台宗有所謂三觀，即三種智慧觀。第一個是從假入空觀，這是聲聞與緣覺，從一切假相進入到空觀裡面。然後修菩薩道是從空入假。從空入假就是要從空性再出來，見到假相的存在；最後就是從假再入中，這就是中觀。一個是空觀，一個是假觀，一個是中觀，所以叫作三觀。

見到空是慧眼，見到假是法眼，見到中是佛眼。

這裡所講的「旋轉六妙門」，就是講菩薩道。修從空入假觀，起旋轉出一切諸行功德，即是說從空觀旋轉出來成就一切的功德。

我們應怎樣去實踐呢？這裡說修行菩薩道要有智慧，要能起觀想。你數息時觀息是空，觀空即是息，直到一切法都是空。既然法性是空、法相是有，空與有是一體，那麼還是有眾生要度，我們還是要度眾生。

菩薩知道息性是空，不得慳度，所以要用布施來度這個慳，就能夠了了分別慳度，知息性空，具足尸羅、羼提、毘梨耶、禪那、般若波羅蜜，也是這樣行而講行平等法。這就和我們前面所講的相攝一樣，以布施涵蓋其他五度。布施波羅蜜是為了度慳貪的心，所以能夠了解息是性空的話，就沒有慳貪。沒有慳貪，你在行布施時，就具足了實踐。所以我們在行菩薩道時，如果能夠起觀想，那麼一切問題都能夠解決。

第八觀心六妙門

觀心六妙門是大根性的人修行的。這修者善識法性，不由次第懸照諸法之源。什麼是諸法之源呢？就是眾生的心。一切萬法由心而起，若能反觀心性，不可得心源，即知萬法皆無根本。這是一種唯心論，也就是說一切諸法是從心而起。不過我們反觀心境，又發現到心本身是空，是不得。

六妙法門在觀的時候，都是反觀內心，然後現出心的空無自性。到那個境界，就不染著於一境，能得所得、能觀所觀都無我。

一、數隨止

當修行觀心時，知一切世間出世間諸數量法所應用的數目字，都是從心而起的，離心就無任何一法。所以數一切法，皆是約心故數，這就是數門。

我們觀心時，知道一切數量之法，悉隨心王，心王就是心本身。這個心數法所以會生起來，是因為它隨著心王。所以心王動，心數法也動，這就是隨行。

心境本身本來就是寂靜的。既然心境寂靜，諸法當然也是寂靜。心法是隨著心王，一切法是因心而生。心性是一切諸法的本源，我們觀心性是空不可得，一切法當然也是空不可得。這就是所謂的止門。

二、觀還淨

接下來是觀門。當我們觀心時，「覺了心性，猶如虛空，無名無相，一切語言道斷，開無明藏，見真實性，於一切諸法，得無著慧」，又清楚地知道我們的心，這就是觀門。

這個觀門寫得非常好。它說觀心的時候，覺了我們的心境好像虛空，實際上這也是心的空性。因為如虛空，所以無名無相。不論我們稱它為心王或心，這都是有名有相，而它實際上是無名無相。所以，這時候只有語言道斷，開無明藏，見到真實性。

當觀心時，即不得所觀之心，亦不得能觀之智，這就是修淨。我們在前面講淨的時候是所觀之淨，這裡進一步深一層講所觀之心。境是外在的，心是內在的。在觀的心和能觀的這個智慧，我們知道這兩個都不可得，因為它是空無自性，所以說「心如虛空，無所依倚，以無著妙慧，雖不見諸法，而還通達一切諸法，分別顯示，入諸法界，無所缺減，普現色身，垂形九道，入變通藏，集諸善根，迴向菩提，莊嚴佛道」。這就是還門。

觀到一切空不可得時，就是心如虛空，這個空性是屬於見色性的。中觀裡面講，因為有空，所以一切法能夠成就；一切法本性是空，所以才能夠現生滅相。如果一切法不是空性，就不能夠成就一切法。因為一切法性空，所以就能入諸法界，而不見一切，卻能夠通達一切法，讓一切法能夠顯現在任何一個法界裡面，同時能夠廣作度眾生的工作。

觀心的時候，不得心及諸法，而能了了分別一切諸法。因為如果不得心和一切諸法的時候，就什麼都空了，那還是不夠的。我們應要了了分別一切諸法，每一個法的法相都清清楚楚地知道。理性上我們了解它是空的，事相上我們應看到它們的存在。我們雖分別一切法，卻不染著一切法，而去成就一切法。這就是自性清淨，也就是修淨門。

第九圓觀六妙門

第九圓觀是講理性，它所講的境界是屬於圓頓的境界。

我們在觀心之源時，便具足了六妙門。我們在用功時，觀一心就能見一切心和一切法；反過來說，觀一法也能見一切法和一切心。如我們觀菩提，就能見一切煩惱生死；觀煩惱生死，就能見一切菩提涅槃。如果觀一佛，就能見一切眾生諸佛；反過來說，如觀一眾生，也能見一切佛及一切眾生。這一切都如影現，非內亦非外，不一也不異，不可思議。我們修這圓觀六妙門，不但於一心中能分別一切十方法界凡聖色心諸法無量，也能於一微塵中，通達一切十方世界諸佛凡聖色心數量法門，這就是圓觀數門。

我們修六妙法門如得到什麼體驗、什麼定境的時候，就要起觀想。這些觀想都要讓它提昇，在觀想時還是一種分析，我們要證悟一個境界時，就要在分析和觀想中提昇。那個時候，就是圓證證悟。

第十證相六妙門

第十章是把前面九章所談的種種六妙法門，各種證相和所應用的方法；能證什麼果，還有不具足的地方再談一談，然後作一個結論。

它在這裡也把六門分成四種證相，一是次第證，二是互證，三是旋轉證，四是圓頓證。

卷二

六妙門續講

概說

這次靜七開示的主題是「六妙門」，我們在第一屆靜七時講「小止觀」，第二屆講「六妙門」，第三屆又講回「小止觀」，第四屆再來講「六妙門」，好像有特別安排似的，其實並沒有刻意去安排。因為第一屆講了之後，到了第二屆我們認為應該講一點新的東西，就講「六妙門」。在第三屆的時候，又發現第一屆「小止觀」的講稿，前面部分講得比較詳細，後面講得不詳細。所以，需要把後面再講詳細一點，因此又再講「小止觀」。

這一次的情形，也差不多有點相同。在第二屆講「六妙門」的時候，也是前面部分講得較詳細。因為記錄的同學只做了簡要的筆記，即使把我以前寫過幾篇有關「六妙門」的文章湊起來，還是少了一章。最後的一章，我答應要寫，寫了一年還寫不出來。所以，現在藉這個機會把這一章講一講，大概就可以出成一本書了。如果這本書能出版，也是在此因緣下聚合而成的。

此外，打了兩、三次七之後，我們發現除了課堂裡要講一些有關打坐方面的知識外，在打七之前也需要稍微跟大家交代一下用功的情形。其實這些話相差不多，但是因為新的同學很多，所以就把以前講過的東西再跟大家談一下。如果你們看過《佛七之旅》，大概就知道我要講什麼，那一次講得比較詳細。本來這樣的課應該是第一堂課就要講了，可是在佛七的時候，我是最後一堂課才講。這次在剛剛開始就講，告訴大家如何做好準備。

我把這些準備工夫分四段。

一、用心要正，動機要純

打七的時候，「用心要正，動機要純」。要來參加靜七的時候，我們都會要你們填寫表格，就是要你們問一問自己，打七的動機是什麼？目標是什麼？主要就是要你們知道，提醒自己為什麼要來打七？這是你們要來打七最基本的動力。是什麼力量驅使你？它驅使你的方向是正確的？還是不正確的？

有些人不明白動機及目標，只是看了一些書，以為打七很好玩，進禪堂只是挨腿疼，或者要親身體驗腿疼的滋味；有的人以為可以趁機哭鬧一番，發洩悶氣；有些人則是心情苦悶，藉打七哭一陣，讓心情好轉。這個動機只是治病，所以必須去審查動機。因為這個念頭、這個力量在驅使我們參加這個七，我們必須知道它是怎樣的念頭，這很重要。

我們不管學習什麼東西，尤其學佛時，有的人把目標訂得很高，但目標最重要的是要立得正。也許在學習過程不必理會這些，比如進入禪堂，不必問為什麼要來？可是，在開始之前，一定要有一個方向。那就是我為什麼要參加？這個方向要把它調正。若方向調正後，它開始發動了，就可不理。有些人來打七只有一個很單純的理由，比如身體很差，聽別人說靜坐能治療身體；或時常失眠，認為靜坐後便能睡得著，這些方向都沒有錯。最怕的是要來學放光，或者覺得靜坐後，會有些稀奇古怪的事情。如果會放光，回去後，就可以在外面招搖一下，讓別人知道自己有修行，出出風頭。或者參加了打七，不管這個七有什麼成績，或者只有腿疼，總而言之，結束後，可告訴別人：「我打過七，我是有修行的」，或「沒打七的，沒有修行」等。

當然，每個人會有不同的念頭。從佛法中，我們了解很多教理，有些同學還研究得相當深入。但無論多深入，都會發覺這些教理是外在的，是從書本上、別人口中或經典得來的。即使知道得很深，也分析得很細密，能寫出很有分量的論文。但最後發現到，在生活中碰到難題時，它都用不上去。譬如看過經典提到「空」，可是煩惱一來就不能「空」，什麼都「有」。因為雖然我們知道佛法講「緣起性空」，一切東西都是空，可是境界一來，想了一百個空，都沒有用。因為我們感覺不到「空」的力量，而且這個空，沒有和我們的生命結合起來。

佛法若沒有和生命結合起來，我們所知道的只是教理。當要用上去時，就沒有力量，因為根本應用不上去。所以，只有通過實踐的方法真正去體驗、體會，讓所知道的這些教理和生活結合起來，而在日常生活中能應用時，這才能成為一種智慧。我們學佛，就是要得到這種智慧。

所以，當我們來學靜坐時，便應把持這樣的方向。我們修行用功，主要是為了加強自己的力量，以便把佛法真正應用到生活中，把這些知識轉化成為智慧。把課堂上所聽的、書本上所讀的知識，真正轉化為生活上的一種應用的方法；或者說在生活上碰到任何事情，都能夠用這些教理，以這些智慧去化解內心所不能解開的結。

若是朝向這樣的目標或方向努力，在用功時，就會慢慢地發覺到自己漸上軌道。所以，我們在用功的時候，方向要正確。用功時，數息或腿疼、昏沉、打妄念，這些都是用功的過程中會出現的現象。不管現象如何，只要把方向調好，就能慢慢把自己調到軌道上來；等到工夫慢慢用上時，就會進步。所以，我們在開始用功時，要先認清為什麼要用功。

其實，學佛的人，有一些是從教理開始入手，就是指那些以比較理性態度入門的人。從教理入手到了一段時間，就會發現需要的除了教理外，還要知道怎樣去應用。

因為應用時常有這種感覺：知道有這種理論，但用不上去，這是因為心沒有力量。譬如知道要「空」，心也告訴我們要「空」，但還是覺得「有」比較好一點。結果到最後又「有」了，又掉下去。「有」就是有業，又再造業，然後再掉下去。

當我們在掙扎時，發現到世俗的力量強，佛法的力量弱。這是信心不夠堅定，心力不夠強，不能起觀照，不能把佛法真正融合到內心裡去的緣故。所以，每次要用時才想起，有時還會忘記它（佛法），當事情發生了，才來後悔，這時才知道修行的重要。

修行雖然有不同的層次，比如有一些層次是在日常的生活中，慢慢把自己的行為調正，這也是一種修行。但是若要讓生命的智慧顯發，便需要有專門的修行方法來提煉我們的心。

我們的心就好像鋼鐵，是要提煉出來的。比如拿一塊鐵去燒，一定要將它丟進洪爐，用高熱的火來燒，把那些不好的渣滓熔掉了，鋼才能提煉出來。

所以，我們要有比較專門的方法來修行，而且要轉化。修行時，動機要純，用心要正，不要有任何雜染或不好的念頭在裡面。動機不純，邪惡的東西會跑出來。若一心一意地認為修行只是要開發智慧，提煉自己的身心，把學到的知識轉化為智慧，那修行的方向就正了。當然，還可以再向上提昇，要解脫、要成佛，但暫時先把目標訂在智慧這方面。其實，學佛也是為了要開發智慧。這種身心的提煉、鍛鍊，是要用密集、猛烈的方法來用功的，就好像用高溫的火來燒我們所要的金屬品。所以，在用功時，方向必須調好。

二、工夫要緊，心情要鬆

在用功時，「工夫要緊，心情要輕鬆」。工夫要「綿綿密密」的，數息要一個數目字跟著一個數目字。但是記住，心情要放鬆下來。工夫用得好的人，心情是輕鬆的。有些人工夫緊，因為他的呼吸緊，心情也緊。有些人悠哉悠哉的，心情輕鬆，原來是工夫鬆懈，工夫沒用上。有的人心情緊張是因為工夫用不上去，數息也數不上，在那裡胡思亂想。工夫用不好，對自己要求高，心情愈緊張，工夫愈用不好。

這幾種情形，我們都要避免。我們要的是心情鬆，但工夫卻是綿綿密密的。數息的工夫用得很好，數的時候清清楚楚地數，心情輕鬆，沒有緊張的感覺。

要提醒大家的是，心情及工夫是相輔相成的。基本工夫用得好的人，心情較輕鬆。心情一放鬆，工夫就能捉得緊，也容易把工夫用得更好。所以，希望大家在用功時盡量做到這一點。

如果是經常不間斷用功的同學，在數息的過程中，雜念會強過數息的念頭。數了一段時間，雜念非常猛烈，用功的念頭很容易被它拉了過去。若是這個時候我們懂得用功的話，就不要嘗試把雜念趕走。

有些人以為雜念愈多，愈要把它趕走。然而你愈想把它趕走，它愈不走。如果你知道方法，當妄想、雜念猛烈，它的力量強過數息的念頭時，最好的方法就是加強力量，把數息的念頭捉得更緊。一段時間以後，就會發現到數息更能數得清楚，而且更好，十個數目字都能數好，能夠把數目字連續起來。

其實，這個時候也還是有很多的念頭。等數到妄念弱下來，從一數到十，雜念很清楚地跟著數息的念頭浮起來，但很快地用功的念頭又捉回來。如果用功到這樣，心情就會放鬆。放鬆，是因為工夫用得好。另外一種情形，是因為我們數得很好，所以就放鬆了。但是這一鬆下來，很可能就把工夫失掉而失去了覺照。有些人工夫稍微好的時候，就忘記了用功。當然到了這個階段，以數息的法門來說算是相當不錯了。

從這階段，如果一直加緊用功下去，還可以不斷地提昇。提昇到什麼程度呢？有些人重修，以加強自己的定力，讓禪定的工夫更加深入，就會一直往這個方向去用功。到了這個階段，可以算是到了一心不亂的境界。一心不亂即是其他的念頭都不起，數息的念頭也放掉，只有很微細、清楚的念頭安住著。如果要這念頭一直深入而成為禪定的境界，它就能深入。此時如果要起觀想也可以，若要觀想，就能依之起觀，而使慧解加深。如果要念佛就念佛，用這種心境來念佛的話，正如《阿彌陀經》所講的：「一日到七日，執持名號，一心不亂。」可以做到這點必然往生極樂。如果是修禪宗的話，就可以參話頭了。

如果是學天台、華嚴宗，或其他有關教理方面的，如中觀、唯識等宗派，就可以把自己的所學，應用這種心境來思考。這思考和平時看書是不一樣的，會有一種領悟或體會，或更深更親切的覺知。而且，往往一些從書本上找不到答案而不能了解的問題，在這種情形下可能可以想到，甚至領悟、貫通。

如果工夫用得很好，數息也很好，雖然還有雜念，但是念頭捉得很緊，感覺到數息的念頭很細，心情會相當輕鬆，不會很緊張。所以，開始時，工夫要捉得緊些。很多人用功時，尤其個性很急的人，工夫用得差不多了，心情一緊張的時候，會發覺工夫用不上去。其實很多工夫是無意間用上去的，完全沒有想它，就是一直在那邊數息、數息，自然就用上去了。那時，就會覺得很舒服，坐得很好。有些人在出靜後，會回想到剛才用得多好，第二支香時，就以為會像這一支香那樣好，結果反而坐得不好。因為他已經有所要求，希望要坐到像第一支香那樣好。當有要求的時候，心情就會緊張，製造壓力，工夫也就用不上去。

它就好像晚上失眠時，想要睡又睡不著的情況。因為一緊張，頭腦就想東想西，一直在轉。而且愈緊張時，身體的內分泌會增加，使得肌肉或身體某些部位產生一些不舒服或緊張的感覺。

我們在用功時也是這個樣子。第一支香坐得好，照道理講，第二支香也一定會坐得好。可是，這世界上有時候是沒有道理、沒有理由的，可能第二支香就坐得不好。而且我們愈想要坐好，愈緊張愈用不上工夫。如果工夫用不好，腳愈快疼，那時只好在那邊難過。若是坐得好香，一支、半支香，坐得很舒服。等到第二支香上座時，這些好香都要捨下，不去執著它。第二支香上座時是第二支香的工夫了，雖然它有延續的作用，但不是每支香都是好香。所以，必須懂得放下；放得下，不要去執著，就不會起一種壓力和緊張。

有些人坐第一、二支香時，因為從前的經驗，所以坐得很好。但後來每當坐得很接近某個階段時，就以為那個經驗快來了。這「差不多來了」的念頭一起，糟糕！又掉回從前的階段了。所以，在用功時要懂得把心情放鬆，要懂得捨。有些人工夫用得很緊，心情也壓迫得很緊，甚至失眠或者用不上工夫，在那邊窮緊張，走來走去，胸口很悶。這時就要把所有的工夫丟掉，去外面散步。很疲倦的話，就睡個大覺，然後再進禪堂，說不定工夫就用上去了。所以，我們要懂得把心情調鬆，但也不能一開始就放鬆。

以上那些情形，是對某些用功真的用不上去時而講的。如果數息工夫用得好，心情自然能放鬆了。用功時，不要把自己逼得太緊。可是無論如何，一定要把工夫捉穩，心情即使放得很鬆，工夫還是要捉緊。所以，在用功時，不要把工夫放下。放下就失去了用功的意義了。

三、工夫要真，心意要誠

在用功的時候，「工夫要真，心意要誠」。打過幾次七，發現到真的是人生百態。學佛的人還是免不了一些習氣，比如愛表演給別人看，會搖身體、哭、笑等，給人家看自己的工夫用得不錯。

凡人都有慢心，有些人懂得調伏、轉化它。若能把它轉化，就是一種自信、一種力量，能夠提昇自己。可是有些人有了慢心，雖也想提昇自己，可是力量不夠，看到別人用得好，自己用不上去，又不服別人。當大家在一起用功時，好像每個人都用得不錯，自己也不能太差，所以便裝一下，哭啦、笑啦、或者耍些花招。我在這裡要提醒大家，工夫要是真的，有多少分的工夫就是那幾分，不要去把工夫膨脹，不要裝飾自己的工夫。

另外還有一些人，心容易受外境影響，工夫也會假。看到別人有那種情況時，會欺騙或安慰自己，他在心裡告訴自己：要有某些表現。他也許不是要表現，但是受到環境的影響，別人都在用功，工夫也用上去了，但這是假的。所以，大家要注意，不要受外境的影響。別人要哭、要鬧，那是他的事。自己本身下了多少工夫、有幾分功力，那是不能假的。不要假裝，不要欺騙自己和別人。

如果要工夫是真的，沒有任何假的成分，用功的時候心意就要很誠。我們是來用功的，不是來表現，也不是來表現給師父看的。我們只是很單純地來這裡用功，有幾分工夫就有幾分功力，下了多少工夫就得多少分，這是假不來的。所以，要反省自己下了多少工夫。從學會打坐到現在，是不是每天都在用功？有沒有把工夫連續地用下去？或者是來打七時才表現一下？

所以，心意要誠，如同前面講到用心和動機要純正，我們就一心一意地依這純正的動機，很誠心、很誠懇地用功。別人有怎樣的功力或有什麼收穫、發展、成果，那是別人的事。在一起共修，下了多少工夫是應該獲得多少的成績。沒有下工夫，就不必要像他人一樣。尤其是用功不好的同學，本身就要注意，最重要是不要有任何表現的心。如果以整個修行來講，修行不是一種表現，它純粹是個人內心的一種修養。如果要給別人感覺到你是修行的人，而刻意表現出修行的樣子，那麼即使有工夫，也是有限的。

真正有修行的人會給人一種自然的感覺，他的人就是這個樣子。用功時，也是這樣，不要給人感覺到自己在表現。如果給別人的感覺是很自然的，那才是真正的工夫。實際上，已經把佛法轉化成智慧，而且這智慧已經和生命結合起來，所以就很自然地流露出來，而不是一種刻意或者是做作的表現。

四、胸懷要大，心境要平

還有，在用功時要把胸懷放大；胸懷放大，心境才會平衡。這些都是往好的方面看。若是往壞的方面看，看到某些人故意裝得很有修行，很不以為然，這是胸懷太小。若是我們胸懷大，能涵容他，就會同情他，有機會或許還會告訴他。把心胸放寬，心境就會平衡、平和，用功時就不會有苦惱的感覺。別人在表現，自己受不了；別人不用功、耍花招，自己也受不了，那根本不能用功了。所以，盡量把胸懷放大。

講到修行，應用到生活中時，學佛的人應多去關懷別人，多為別人著想，這樣學佛就有進步了。要達到這點，胸懷要放大。許多人雖說學佛，但不會為別人著想，只想到自己。修行也想到自己修行，自己用功稍微有點成就，就在那邊發洩，這反而會嚇壞別人。所以，要稍微克制一下，對自己也有些幫助。

在用功時，自己好好地用功就是為別人著想。若不用功，一直在那邊搞花樣，就是害人。因為有些人看到他人工夫用得好，自己會羨慕，有一些人看到別人不用功，自己會為他難過。所以，為了不讓人難過，為同修著想，自己就要用功，腳疼也要挨下去，不然會影響旁邊的人。

有的人不會為別人著想，想到放腿就不理旁邊的同學在用功，也不理會禪堂的人會不會受到影響。即使不是專門在修行，也不刻意去學佛，其實佛法的基本精神已在裡面。走路時，為什麼要走同一方向？其實也是在為別人著想。所以，我們在共修時，肯好好地用功，一心一意地把工夫用好，就是為別人著想。那些喜歡製造反面氣氛的同學，其實應該被踢出去的，不然的話，會干擾道場。

所以，我們應該把胸懷放大一點，即使他人用功用得不好，有比較不好的表現，也要涵容別人。另一方面，也要多關懷別人，多為別人著想。自己在用功的時候，想到別人也在用功，腿放下來之前，要考慮一下：「我放下來會不會干擾到別人？」就不會說要放就放而繼續捱下去，慢慢的工夫就會用上去了。

天台止觀概說

《六妙門》是智者大師少數親筆寫的著作之一，也是他比較早期的著作，後人再加上其他由他講述而弟子記錄的，也屬於天台宗有關止觀的著作，分類為四種。

其實，在智者大師那個時代，天台宗的止觀法門只有三本。除了《六妙門》外，其中一本就是《釋禪波羅蜜》——全名為《釋禪波羅蜜次第法門》，這本是依照《大智度論》、《中論》等幾本相當重要的經典，把修禪的方法、修禪的次第，和修禪之前所應該做的準備工夫，非常詳細地講或寫出來。

他講《釋禪波羅蜜》的時候，大概是三十到三十八歲之間，那段時間他在金陵瓦官寺教禪。他教了八年，發現到跟他學禪的人愈來愈多，可是有成就的人卻愈來愈少，於是就到天台山隱居，一住就住了十年。他這樣年輕，有這樣的成就，看到這種情形馬上退隱，這很不簡單。

在天台山的時候，智者大師下了很大的工夫，他的思想就是在那個時期圓熟的。後期天台宗之創立，大部分重要的思想都是在那個時候深入的成就。十年後他再出來弘法，便依《法華經》，還有其他經典，建立了天台的教學。當時沒有所謂的「天台宗」，「天台宗」是後人的稱呼。

後來，他又講了一部《摩訶止觀》（圓頓止觀），所以連這一本，一共有三部，即是：《六妙門》、《釋禪波羅蜜》和《摩訶止觀》。《六妙門》一般稱為「不定止觀」，《釋禪波羅蜜》則被稱為「次第止觀」，即說它是有層次、有秩序的。我們在修行的時候，可以依照這個秩序去修行，它有關禪定止觀的資料，都相當齊全。《摩訶止觀》則在思想上有很好的發揮，但是在實踐方面，《釋禪波羅蜜》的指導會比《摩訶止觀》來得更能用。

在《釋禪波羅蜜》裡，智者大師把禪定的法門分成四種：⑴世間禪，⑵亦世間亦出世間禪，⑶出世間禪，⑷非世間非出世間禪。也就是依我們一般人用功的四種方法來分，把禪定分成四個層次。這樣的分類，可算是智者大師的一種創見。他把印度所有的禪法囊括起來，做了有程序的分類，對學習的人來說，至少知道所學的方法可通往哪個方向去。

我們現在所應用的方法，多數是世間禪。非世間非出世間禪，其實就是佛和菩薩的禪法。而《六妙門》被放在亦世間亦出世間禪，就是說修六妙法門中的方法，你可能得到世間的果報，也可能得到出世間的果報，因為它通世間也通出世間。如果依世間心修，得到的果報會落在世間的層次；如果你依出世間心去用功，那麼得到的果報便是出世間禪。這也是它被稱為「不定止觀」的原因。

在《六妙門》裡，雖沒有直接談到為何稱「不定止觀」，不過在第六章有講到「通別六妙門」。所謂「通別六妙門」，意思是說它可通所有的禪法，通凡夫、通三乘的禪法，也可以成為菩薩的禪法。這樣的一種說法，就相當明顯地把《六妙門》稱為「不定止觀」的意義表達出來。因為我們在修學的時候，不一定會得到某種果報，所以就稱為「不定止觀」。

一、小止觀

後來，我們又發現在天台止觀裡又多了一部《小止觀》，是一部非常好的教學或自修的參考書。雖然序文裡面說是由智者大師為他的哥哥講的，但那只是一個故事。傳說他的哥哥遇到張果老，張果老說他會短命，他就去找智者大師。智者大師為他講了一部《小止觀》，他便照著修行；過了一段時間，又遇到張果老，他說他哥哥的氣色改善了，後來壽命也比較長了一點。

我想這是個傳說，因為智者大師本身活了六十歲，不算長命。如果他的法門能夠延壽的話，他應該活得更久。為什麼同樣的方法他哥哥會長命，自己用卻不能呢？六十歲在當時，尤其對一位出家人來說，不算長命，只有虛雲老和尚的一半。虛雲老和尚還活了一百二十歲。所以，我覺得這個說法不太站得住腳；也即說，這個傳說對《小止觀》的出現，不能提供較明確的根據。

如果我們詳細地把這部《小止觀》看一下，可以得到一個很簡單的結論：其實，它就是《釋禪波羅蜜》的摘要。它把《釋禪波羅蜜》中間的一部分——即方便：外方便和內方便，濃縮而成《小止觀》。所以，如果把這兩本書都看完了，也真正下一點工夫，稍微對比一下，就會發現到這點。

《小止觀》的組織跟《釋禪波羅蜜》裡的重要部分相差不遠。在《釋禪波羅蜜》裡，有所謂方便的部分。外方便就是天台二十五種方便，也就是《小止觀》的前面五章；內方便包括了善根發相、治病、祛魔（就是對付魔障）。第六章是正修，這部分是很重要的，一定得列入並詳細說明。在《釋禪波羅蜜》裡也有證果的部分，而《小止觀》則是把天台宗所謂空、假、中三種智慧列出來，寫成證果的部分。所以，如果我們真正在天台止觀著作上下一點工夫，應該可以知道這本《小止觀》是智者大師的著作，但不是他親自寫的，也不是親自講的，只可說是後人幫他摘錄而組織起來的，等於是選集式的著作。

這種作法，我們覺得非常好。因為《釋禪波羅蜜》有十卷，第一、二卷還分上、下，所以加起來一共有十二卷，讀起來就比較吃力。而且這本書的脈絡不是很清楚，其實不是說不清楚，而是讀的人如果沒有下多一些工夫的話，有時候讀完了以後，前後連貫不起來。除非把書的組織及脈絡畫成表解，才會比較清楚，但這要花一點工夫。最基本的是要把這部論讀通，這是第一步。要讀得通，大概要讀兩、三遍；古文基礎比較差的人，大概要讀到三、五遍。讀通以後，知道是在講什麼內容，才開始把每一章做個簡表，這樣至少才不會不知道在講什麼。

而《小止觀》簡要，只有一卷，容易看通。只要靜下心來，每天花兩、三個小時，三、五天的時間，大概就可以看完。它的組織或脈絡很清楚，要畫表的話，大概半天的時間就夠了。當然如果要再深入的話，還是要參考其他的資料。因為它是很多要點的提示，這種綱要式的著作大概不容易講得很深入。不過，要點或者基本的概念都有，接下去的工作就是再找一些更好的，或者比較深入、比較專門的參考書，就可以了解得比較清楚與完整。

這幾本書中，我們不談《摩訶止觀》，因為它很難講，關係到很多思想的重點。修行的方法，在後文也有談到。如果把重點放在《釋禪波羅蜜》或《小止觀》，就會發現到這兩本書在指導我們修行的時候，所講的步驟相當好。它從最開始應該做好的心理準備、應有的方便（準備工夫）都告訴你，甚至調身、調息、調心的方法都有。所以，它可以說大致上已涵蓋了修學止觀或禪定法門的基本概念。

二、釋禪波羅蜜

在修學的過程裡，可能會碰上什麼障礙？《小止觀》講得比較簡略，《釋禪波羅蜜》講得較仔細，而且講得很好。這些很多都是智者大師本身的體驗，因為他本身是一位禪師，對禪學或禪定的法門有很深入的體會，整個修學過程會發生什麼，他大概都告訴我們了。比如在修學的時候，發相顯現時（即身心起反應），怎樣去衡量身心的這種反應是好的？還是不好的？而且大概會起哪些反應？某一種不好的心理出現的時候，是怎樣的一種狀況？出現的時候，怎樣去對治它？在修學的過程中，又可能會出什麼毛病？可能會有哪些障礙、魔障來干擾？有這些障礙、毛病的時候，怎樣去對治它？如果全部克服了，便會發智慧，而你所發的智慧又是什麼智慧？這算是一個相當完整的系統。實際上，後來教止觀或禪定法門的人，大都依照《小止觀》的程序來教。當然，他們也會加一些資料，但是基本上很多步驟都涵蓋了。

智者大師講《釋禪波羅蜜》並沒有講完，只講到出世間禪。在講非世間非出世間禪時，還沒有開始就停講了。其實，出世間禪他也沒有講完，只講到對治無漏的部分。

雖然是這個樣子，他的資料還是相當的齊全。另外，我們依照他講的程序排列下去，會有一種感覺，禪定的法門修得愈高，愈不容易以語言表達；愈是愈高深的部分，愈簡單愈好。所以，講得最詳細的是四禪。四禪是世間禪裡面最主要的，也叫根本禪；再上去，跟四禪相應的出世間的一些法門，也講得滿詳細的。

這個禪定的法門修得愈高，真的是愈不能表達。愈深入到我們內心裡面的體驗，等到我們能用念頭想，把它轉成語言文字的時候，它跟內在的境界已經有一段距離。而且，有時候修學禪定愈高深的時候，心境愈平靜，愈沒有東西需要講。整個內心充滿了法喜、禪悅，無法形容出來。

老子有句話說：「為學日益，為道日損」，修道的人，慢慢地減少外緣，許多欲求、世俗法慢慢地會捨下，所以境界是愈來愈淡；求學、做學問的人則不同，是愈來愈豐富自己的頭腦。修行如果要求愈來愈多、頭腦愈來愈豐富的話，那是求學之道，不是修行之道。我們可以看到一些有修行的人，他們修學的工夫愈好，生活愈清淡，對世間的要求愈能夠捨下、簡化。如果要求很複雜的話，就是工夫太差。如果要求很簡單，雖說工夫不一定非常好，至少比較接近修道。

修行，多多少少可從外表看得出來，當然它不是絕對的標準。因為有很多內心的境界，可以從外表流露出來，但也有無法表現出來的。不過，從這個標準，多多少少可以衡量自己一下。有很多人對外物有很深的染著，來打七的時候，要帶自己的被單、枕頭等。有些人則隨遇而安，到哪裡都可以生活得很自在。所以，有些人修行得很痛苦，有些人則修行得非常愉快，坐下來就可以用功。有些人在修行的時候，要先布置好修行的工具，要有很好的氣氛，全部都要布置到合他的心意，才能夠坐下來數息，數個五分鐘。這樣的話，怎麼修行？他的心染著外物，被綁住了。

修行的人如果不能夠慢慢地淡化這些外在的要求，那表示工夫不太有什麼進步。要捨下這些你所染著的東西，是不容易的事；如果真的能夠捨下，而且工夫還是用得上來，就表示你有進步了。我們可以稍微從這方面去看自己的工夫用得上去，還是用不上去。但是有些工夫，沒有辦法拿一個標準來衡量，尤其自己在用功的時候。不過，從對外在那些物欲或者工具的要求中，可以慢慢地看得出來。

三、六妙法門

《六妙門》和其他三部止觀——《小止觀》、《釋禪波羅蜜》、《摩訶止觀》相同，都分為十章，因為「十」在佛教裡面是圓滿的意思，尤其是鳩摩羅什翻譯的《法華經》，他很強調「十」這個數目字。他們在著作的時候，為了表示這本著作是圓滿的，都以十章為標準。

但稍微比對內容，便可以發現到一個情形，《六妙門》和其他的止觀著作不一樣，《六妙門》本身就是一個修行的法門，而《小止觀》並不是修行的法門。我的意思是說：《小止觀》本身不是修行的法門，它是把整個止觀法門的修學系統涵蓋在裡面。它包括的範圍很廣，從最初的準備工夫到最後的證果部分都有，而簡要分成十章，所以叫《小止觀》。

《釋禪波羅蜜》也是一樣。前面講理論，然後講準備的工夫、修行、對治，然後是證果，全部都涵蓋起來，所以也叫作《釋禪波羅蜜次第法門》，但《六妙門》卻不是。

「六妙法門」這四個字本身就是一個修行的方法，它不談前面所應該做的準備工夫，而直接告訴你：怎樣修行？所以，如果你只拿《六妙門》來修行的話，大概不太好用，因為前面的準備工夫都沒有。在這之前所應該有的調身、調息、調心的工夫都沒有，連應該準備的其他一些外在的工夫及工具之類的也完全不談。

《六妙門》可以安插在《小止觀》或者《釋禪波羅蜜》裡面，但是如果把它抽出來，只靠它來修學就不容易。除非你已經具備修學止觀的種種準備工夫，如調身、調息、調心這些工夫，然後把《六妙門》拿來參考，當作修行的指導，這樣就可以。所以，這是不一樣的地方。

由於這樣，《釋禪波羅蜜》與《小止觀》在講到修行的證果部分，它們是可以獨立成章的。《六妙門》卻不行，因為它本身就是修行的工夫，前面九章即在講九種不同的修行方法，這九種方法可以應用不同的發心、不同的方法去用功。第十章講到證果的部分時，智者大師把前面九種方法分成四種證果和所證的境界，所以第十章便涵蓋了前面九章。

《六妙門》和《小止觀》、《釋禪波羅蜜》不一樣的地方，是第十章講證相。它所謂的證相，就是前面所講到的九種修學層次及方法；修學以後，你可能證到的境界是什麼？在第十章就全部分類出來，而提出四種證相。

在這四種證相裡面，第一章跟第二章的歸納在「次第證」，第三、四、五、六章歸納在「互證」，第七章則叫作「旋轉證」，第八章與第九章叫「圓頓證」。四種證相歸納起來，就是第十章的證相內容。

第一和第二種證相，是凡夫和三乘行人都共通會證得的；「旋轉證」與「圓頓證」是菩薩的。講到最後，一定要講「圓頓」，中國佛教最喜歡圓頓；不講圓頓的話，表示這個法門不夠妙、不夠圓，講到圓頓，這個法門才是最好的法門。圓頓實際上是理多過事，就是說它講的是理論，在事相上要用的話很難用，因為它是屬於一種思考性的應用，或者是觀想面的應用。

因為這四種證相，就涵蓋了前面所講的九種修學的方法。所以，整個要點在第十章。我們這一次就直接從證相的部分去講，然後依第十章做為基礎，再從前面一章一章來講。

四、圓頓法門

中國佛教在應用的時候，常常會落入一種思想的限制裡。修學法門一定要修學最圓滿的法門，不夠圓滿的不要學。在學「圓頓」法門時，忘記自己還是「方」的人。方的硬要用圓的，當然不能用。

禪宗有一句話：「方木逗圓孔」，拿方的木頭要插進圓孔，當然不能，但是我們就喜歡這個樣子。我們全是方木，可是都要往圓孔裡面鑽，結果鑽到最後，一定是不圓滿。即使逗進去，也有空洞，還是有漏。如果方木太大，裝不進去；習氣太多，也裝不進去。變成後來的中國佛教開口閉口就講圓，講到最後生活的層面不見了，只是在講玄；講到佛教跟我們的生活愈來愈遠，真的是「遠」了。

現在很多人學中國佛教，學了以後，覺得它好像跟生活的距離很難接近。因為中國佛教的宗派都過分地強調圓頓的法門。比如圓頓的法門裡面講——圓頓六妙門，你見一切煩惱生死，便觀煩惱生死；見一切菩提涅槃，就觀一切菩提涅槃。觀一個法就是觀一切法，觀一切法就是觀一個法。你就在那邊觀你自己好了嘛！因為這就是觀一切眾生了，你成佛就是一切眾生成佛。這是你在想吧！眾生還沒有成佛，你本身也還沒有成佛。

太多這一類思考上的文字遊戲，而你就在那邊兜圈子。最後，跟自己的生活沒有關係，境界一來的時候，照樣掉下去，照樣倒。

所以有些人，他說他很圓，他在修行。我問他：「皈依三寶了沒有？」他說：「沒有，我皈依自性三寶。」你一巴掌打下去，他的火馬上生起來了。那個時候，他的自性三寶不知道跑到哪裡去了？這就是因為過分強調這個圓。

圓頓的法門過分強調理論，忽略了事相上的配合。所謂「事相」，就是在生活裡或是真正用功的時候，應用得上的方法。忽略了這個部分的配合，會導致在理論上或思想上，的確有很豐富的教理，可是在學習上或是生活中，會發現用不上去。

比如一般人常會碰到的感情問題，還沒有碰到的時候，也許會說：「沒有關係的啦，我看得開！」

講這種話的人，我敢說他沒有經驗。為什麼呢？有經驗的人，他不敢講這種話。因為他曾經掉進去，知道爬出來有多麼痛苦。

有人會講：「唉呀，這些是小兒科，我一下子就解決了。」

有的說：「他不要就算了！」

掉進去的時候，你才知道：他算了，你算不了啊！因為那是一種愛染，很強烈的愛染。那個時候，什麼佛法、空啊，用不上去的。掉進去的時候，你根本沒有能力去把自己的心解開的。那個愛染、無明習氣多麼重，你知道嗎？

因此，在學習的時候，事相上也要稍微注意一下才對。理論當然不能忽略，因為理論是我們的方向和目標，但不必過分地重視，強調圓融的理論。圓融的理論都講得非常好、非常高、非常妙，有些高到攀不上去。不過，這些法門之所以要這樣講，就是要強調這個法門是好的。其實，我們會發現到，每一位祖師在講他們的法門好、妙，這對他們來講，的確是這樣，因為他們可以從最基礎講到最高深。

以「天台宗」和「華嚴宗」來講，它們是中國佛教兩個重要的宗派。天台的判教是「藏通別圓」，華嚴則是「小始終頓圓」。他們的圓教判在最後，而且在說明的時候，是從最基本的講起。

智者大師本身看過了當時傳到中國的所有佛經，所以他可以判三藏教，即是以《阿含經》為主的為小乘教；通教是指能通小乘跟大乘的般若；別教就是華嚴，還有其他如

《維摩經》之類的大乘教；圓教就是《法華經》。他可以把它們都連貫起來，講成一個完整而圓融的體系。

他們是真的有基礎，不是只講圓而已，出問題的是後來學習的人。後人以為：「他已經把圓教告訴我們，我們學那個就夠了。」然而，我們忘記了這個圓教是建立在前面幾個層次的基礎上面。所以，如果要真正修學的話，要從基礎開始，才是完整的。後來天台、華嚴的子孫都只要圓教，前面的全部都可以忽略掉。到最後，這些教學與一般人的距離愈來愈遠。連那些講華嚴、天台的人，自己本身也不一定通；即使講圓教也未必講得通。這是因為沒有基礎啊！

我們在學習的時候，十章中的前九章是講修學的程序（層次），也可以說是從第一章到最後一章，慢慢講上來。我們要注意的是它比較可行的那個部分，後面的那些教理，是做為行持以後應用的方法。到了某個階段，覺得心也滿細了，我們就不妨試試後面的那些觀想及觀心的部分。也許通過這樣的一種觀想，能夠再提昇自己的體驗。

不過，可行的部分，一般都不是最圓融的，因為它都是比較適合我們的習氣、根性。如果要教止觀、禪定法門，《釋禪波羅蜜》比《摩訶止觀》好，因為它可行。《摩訶止觀》裡面，很多是理論。後來智者大師的子孫（也即是天台子孫），忽略了這些可行的部分。一講到天台止觀就是圓頓止觀，每個天台子孫都是圓頓的。頓到現在，天台止觀愈來愈沒落，因為沒有真正的實踐法門來指導。

天台本來是「教觀雙美」，教學很圓融，觀照的工夫也非常好。可是到後來，天台子孫都是重視教學、教理，而忽略了它的止觀部分。即使講止觀，也只是講《摩訶止觀》，忘記了《釋禪波羅蜜》、《六妙門》、《小止觀》是較可行的。而《摩訶止觀》是重理論的，可行的部分當然有，但是很難行。天台宗因為忽略止觀法門的可行部分，全部都去講圓頓止觀，到了後來一直發展不起來，以致修行的重點都放在拜懺。現在很多懺本都是天台祖師寫出來的，比如「四明尊者」就寫了很多。

第一歷別對諸禪六妙門

照著證相部分來談，《六妙門》本身就是一個修行的法門。運用不同的方法來修，就會有不同的效果，不同的證相。

在這些證相裡，它把前面所運用的方法全部歸納為四種。它有一個現象，就是這樣的分章，相當得清楚，而且在運用方面，雖然沒有直接講出程序，但是在運用時，如果照著章數來運用，它是有一定的秩序的。「歷別對諸禪」章比較籠統一點，接下去的第二、三、四、五章都是可以運用得上，可行性很高。之後的幾章比較著重在理論，到了相似證時也比較著重於理論。事相上講得比較清楚的是第二、三、四章，尤其是第二章講得很詳細，差不多把修行的基本方法都講了。次第證是在前面的第一和第二章裡面，第一章是講「歷別對諸禪」，第二章是「次第相生」，重點是在「次第相生」。

在修行上，基本工夫多著重在事相，而且有時候還相當繁瑣，要求也相當嚴密。如果要真正用好工夫，這些基本方法不能忽略。但是，一般學佛的人比較容易掉到理論方面去。要了解理論比較容易，而要在事相上去運用就會面對和習氣直接「打對台」的情況。所以，要有足夠的時間去訓練和培養。通過閱讀和思考，可以了解理論，而事相則必須通過實踐，才能體會。

《六妙門》有比較著重事相（修行）的部分，它的「數」、「隨」、「止」、「觀」這四種比較容易用得上去，「還」和「淨」就比較偏重理論。其實，「還」和「淨」也還是屬於「觀」，因為「還」和「淨」要觀的東西是比較理論，平常在運用時，一般是「數」、「隨」和「止」，著重在事相上的工夫應用。這三者的作用是定，也就是止門。修學這些方法，目的是要得定，在運用時，馬上就要了解它的方法，然後在生活中，修行的情況下就是要用功。

序文中有提到，通過六妙法門，來涵攝所有的禪定法門，其作用表示六妙法門是一個廣大的法門，學了這個法門，就等於全部的法門都學會了。它並說到六妙法門是內行的根本，三乘得道的要徑。釋迦牟尼佛在菩提樹下，也是運用這個六妙法門而成就佛道。所以，就強調這個法門的重要性。這是一般性的作法，往往在宣揚法門時，總認為自己的法門最好、最廣、最深，已涵蓋所有的法門。

其實，佛法裡面所講的修行，過一門之後，會發現到每一門都可通了。一門不通的話，就進不了門；掌握了其中一門，每一門都可通。這就如三皈依，學佛要皈依三寶後才算踏入佛門，其實佛法的整體就是三寶。有人說皈依三寶太淺了，這是因為他只進門而沒有通，所以會覺得三寶太淺。如果三寶太淺的話，就沒有佛法比三寶還要深的，每一個法門都不能離開三寶而談。

工夫用得好的人，很快便能掌握其他的方法。學習世間法方面，有某一些情況也是這樣。比如學會了一種樂器，學其他的樂器就比較快一點。又如喝茶，一個真正懂得茶道的人，如果能把喝茶的方法都用上，再不斷地提昇自己的境界，在某個程度上，他們的境界可以跟禪或老莊的哲學相通。

從這裡，可以看出《六妙門》可以通達某一些禪法。它還特別強調，通達了這些法門以後，最後就是涅槃。而《釋禪波羅蜜》只是把這些禪法分成四種，但沒有強調最後的境界，這就是《六妙門》所以叫「妙」之處。能通達涅槃的法門才是「妙門」，如果不能通達涅槃，那就不「妙」了。

通過「數息」的方法，可以進入四禪、四無量心和四無色定。通過「隨門」，可以生十六特勝；通過「止門」，可生五輪禪或者金剛輪之類九無礙道的禪法；通過「觀門」，可生九想、八念、十想、八背捨、八勝處、十一切處、九次第定；九次第定就是四禪跟四無色定，再加上「滅盡定」、師子奮迅、超越三昧等。「還門」跟「淨門」就比較著重在理論方面，如空、無想、無作（三種三昧），三十七道品、四聖諦、十二因緣。「淨門」就得自性禪，得到這個禪法後，二乘行人就證得涅槃，菩薩行人就入鐵輪位，便出生九種大禪：自性禪、一切禪、難禪、一切門禪、善人禪、一切行禪、除惱禪、此世他世樂禪、清淨禪等。

其實佛法的禪法有很多是理論、觀想，比較用得上去的是數、隨、止。如「數門」，在《釋禪波羅蜜》，「數門」與「止門」所出現的禪法都歸納成世間禪。「隨門」是亦世間亦出世間禪，包括了六妙法門跟十六特勝，可以通世間跟出世間。「觀門」是九想、八背捨，這一類是通出世間禪。「還門」、「淨門」都可以歸納入非世間非出世間禪。

數息的方法用得好，可以證入四禪，四禪就是四種根本禪。如果能證到四禪，對整個修學的幫助非常大。如果能依四禪為基礎，而去修其他的法門，效果將非常大。如果只是談禪定的法門，四禪是四根本定，是禪法裡面最重要的部分。根據經典的說法，在還沒進入四禪，在修定的初步有了某種定力，叫「欲界定」，這是未到地定，還沒有達到初禪的定，這是屬於欲界。人類是欲界的眾生，要把境界提昇到四禪定（屬於色界），就必須要有方法或下一番的工夫，衝過自己的局限，才能進入四禪定；依這個定再一直修下去，可以進入四空定。欲界定的定力比較弱，思考心比較強。

無色界的定就是四空定，定力強，思考能力很弱。甚至到了非想非非想定的時候，這個想的力量也很弱，弱到叫它為「非想」，可是又知道它並不是完全沒有想，所以又叫作「非非想」。這是因為他想的心所法太弱，一般不能起思考的作用；不能起思考，就不能起觀想，也就不能發智慧。而四禪定是定、慧均等，它的定力比欲界強，思考的力量也有。修到四禪之後，人還是能夠起觀想，發智慧。初禪的觀照比較粗一點，到二禪、三禪就比較細，四禪是最細的。

有些人講四空定完全不能夠發智慧，但是有些經典還是承認四空定裡面的前三定可發智慧，只有「非想非非想定」沒有辦法。四禪定裡有一個「非想定」，就是無想天、無想定。如果修到「無想定」，那還是沒有「想」，此定不是佛法所要求的。佛法比較注重在四禪，所以四禪叫四根本定。

從經典看到，佛陀在證道時也是住在四禪而發智慧。在《涅槃經》裡還可看到，佛陀是依四禪而進入涅槃。有些經典則說，佛陀是在四禪，然後進入四禪及空無邊處之間的定而進入涅槃。這樣的說法是中道，就是說他不是住在禪定，不是住在色界定，也不是住在無色界定，而是色界與無色界中間的那個境界。

每個定之前都會有一個未到地定，意思是說，要進入初禪之前有個未到地定，這個未到地定是欲界定。初禪要進入二禪，中間也有一個未到地定。意思是說，還未進入二禪，但是已經有那個趨向了。證果也一樣，在證入四果之前有四向，須陀洹果之前有須陀洹向。能達到須陀洹向表示已經有證果的可能性，而且這個可能性很強，這是在證入禪定之前的境界，當然這種分法是繁瑣一點。

有些修行人在開始進入禪定的時候，對那個境界很生疏。如果已真正進入禪定，喜悅心會滿強的，因為是第一次得到從所未有的經驗。幾次以後，就會很熟悉那個境界了；熟悉了之後，就會慢慢地清楚發現到自己在進入那個境界。通常第一次進入禪定的境界都是有點「意外」（即不會去注意那個程序），但是進入幾次以後熟悉了，就會發現到其中的過程。一旦證到那個境界，也熟悉了這些過程、階段，便把這些階段分析出來。這對初學的人，或還沒有得到那個經驗的人會有一點幫助，可是有時候也會產生負面的影響，並非每個人在證入這種境界的時候都是相同的。

「四禪」、「四無量心」、「四無色定」在《釋禪波羅蜜》就講得相當詳細。《釋禪波羅蜜》所講的，也有根據印度的經典，尤其是《大智度論》。近代還有一本翻譯自南傳佛教《藏經》中重要的論──《清淨道論》，它對修禪的過程講得更清楚，對印度禪法也講得非常詳細，甚至有些部分比《釋禪波羅蜜》還要詳細，畢竟它是南傳佛教最重要的論典。談到修行，尤其是禪定的部分，幾乎所有印度的禪法都在裡面。

我們在修學時，往往是初禪比較難進入，因為初禪是從欲界進入色界，這個階段最難。從初禪進入四禪，比欲界要進入初禪容易，因為從欲界到色界是兩種不同的情況。就如一旦進入初果就容易再提昇，證入初果是一個關鍵性的階段。證入初禪，自然而然會捨去某些東西。就如有些人說，在家人不能證到四果，其實到了那個階段，就自然而然會捨掉，會覺得出家生活比較適合。

初學禪法時，前面的要求雖嚴格，但如基本原則做到，就會有力量幫助你。如果真正依照這方法、條件去修學，且有接近那禪定的經驗，即使是未到地定，繼續努力，就會慢慢向上提昇。

所以，人有兩個可能性，五十對五十，看你是否肯下定決心去追求所要追求的事物？如果想要保險一點，猶豫不決，那麼就會永遠在此岸。不管到彼岸的人說怎樣好，你還是到不了彼岸。所以，要下定決心，這個決心下不了的話，就沒有辦法了。

有的人為了打七能捨掉工作的機會，覺得精神修養比較重要，一切都等打完七再來決定。為了達到目標而能下定決心，抱著這樣的態度，在打七時就有堅強的信心。要到彼岸去，就必須能捨；精神境界要提昇，就得放下、捨棄，修行就是這個樣子。現在的人比較不容易證道，因為物質生活太好，五根受到的刺激比較強烈，心也比較散，容易被外境拉去。在這樣的情況下，能放下就不容易了。所以現在的人，修行有成就的並不多，但不是說不能夠，只要懂得方法，還是可以的。

從事相上去看，要忍受種種會引起我們身心的欲念，或者是對外境的貪染，便應盡量簡化我們的生活，甚至要找比較接近自然的環境，因為自然的環境令我們的染著比較淡。何況人本來就是自然的動物，跟自然接近，要求就不會高。

我們的生活不能離開五欲，但只要能適當地享用，不要過分，吃飽了，再好吃的東西放在那邊，也不去染著；睡夠了就起來，不要賴在床上；好的東西可以欣賞，欣賞後要懂得捨棄，不去染著。當境界出現時，不妨適當地享用，過了之後，就要懂得放下而能夠提昇，這就是事過境遷。

一個真正證悟或有修行境界的禪師，他們的生活跟平常人一樣。他們沒有刻意地說自己是修行人，認為這個不能做、那個不能做，這種精神在《維摩經》裡面可以看到。在世俗上看，維摩居士的生活跟平常人一樣，不一樣的地方在於他受用世俗上的種種塵境時，心不染著，而且可以轉化它。比如他到酒吧裡，出入這種境界（外境），度那邊的眾生，卻不染著那邊的環境，這就是能轉化它。

中國禪受這一類的影響滿大，所以中國禪師都很活潑。他們跟在家人生活在一起（不是住在一起），常常與在家人有來往，但是他們永遠保持一顆很明亮的心。看起來，他是在受用五欲，但他不被五欲所轉，這就是一種慧觀、覺照。這些禪師比較注重自己的境界。

但是，這種情況在印度卻比較少，因為這種禪法是中國的禪法。這種狀況，其實是通過中國佛教禪宗的境界去了解。南傳禪法或印度禪法不談這一套，他們的訶五欲就是遠離。他們認為只有在事相上遠離，才能夠真正的遠離，而不是在內心上遠離。

從心理學來看，有兩種人。一種隔絕事相以後，便可以遠離那些事物。就如有些小孩，一旦把他與這個世界隔離，他可以不受社會習氣的汙染。另一類的人，一旦把他關住，他就在那蠢蠢欲動，只要有一個機會，他便會整個跨下來。也有一些人，他要這個東西，你給他，等到他玩夠了，他便不要了。人類的心理也是這樣。就好像有一類人，他到社會混一混，覺得還是走入佛門好。有些人很小就出家，他一世都過出家生活。就像現在許多老和尚從小就出家，從小就隔離人群，過出家的生活。有些人則在社會上生活了好一段時間，才來出家的，一般年紀比較大，出家後就比較安定，因為他們對這社會都相當的了解，也已經在裡面浸過了才出來。

所以，南傳佛教或印度禪法多用事相上的隔離，而中國禪法比較注重心理上的遠離。但是兩者都有弊病，沒有一個方法是十全十美的。譬如中國禪師很活潑，卻有很多的習氣；而印度禪師比較莊嚴，但不易親近。因此，你要能夠捨某件東西，你才能有某些成就。捨要從內心上去捨，從事相上捨也可以；或者心理能捨，事相上也能做到，也就是理論與事相都能貫通起來，那是最理想的。修行總是要捨的，如果你要到彼岸去。

第二次第相生六妙門

在《六妙門》原文第一章提到，修學六妙法門的任何一個法門，都可通其他的禪門，得到某一種成果。基本上，我們只能把它當作是一種參考，或能增加我們一點信心；但是它在用功方面，並不能給我們很大的幫助，幫助比較大的在第二章——「次第相生六妙門」。

這兩章同屬於四種證相中的次第證，因為這兩章都講到這些方法的次第和程序。若與《釋禪波羅蜜》比較可知：比較前面的法門，通的禪門是世間的；而比較後面的是出世間的。

在第二章裡，它真正講到六妙法門的方法與修學時所可能出現的現象，其中參考價值比較高的是前面四種。「還」與「淨」可歸納為「觀」，不過是比較深入的「觀想」。我們可以把六妙門分成兩部分：一是「止」，一是「觀」；止的部分是前面的三種，觀是後面的三種。尤其是止的第一、二種都很實用，實際上也是我們所用的方法。

我們知道，佛陀的教學是單純的，但是後期的經典非常多，教理、思想非常的龐大，然而原始經典卻相當的單純。這有兩種原因：第一，當時佛陀的弟子在個人的修持上，已經相當地深入，有很多是非常了不起的宗教家，甚至是宗教界的領導人，後來皈依佛陀。有的學問很好，當然有的是平民，但是對宗教的認識、知識，甚至修行方面，都有相當高的成就。所以佛陀指導他們時，多數是告訴他們很原則性的道理。

例如舍利弗與目犍連，舍利弗只是聽了馬勝比丘告訴他的一句話：「諸法因緣生，諸法因緣滅」之後，就馬上從外道轉過來，因為知道他們所學的道理，其實基本原則就是在這句話吧！

在當時，除了佛教以外，至少還有六種思想。佛陀把它歸納到六師外道內。而舍利弗與目犍連是屬於最好辯的，本身沒有一個中心思想，但對別人的思想都懂一些，甚至有一些相當清楚，因為他們要與別人辯論。不過，從來沒有人直接清楚地告訴他們「緣起」的道理。由於他們已經有很好的哲學基礎，所以當馬勝比丘與舍利弗講法時，他馬上有很深刻的體會，覺得這一生中追求這麼久的原來是這句話、這個道理而已！於是馬上與目犍連皈依佛陀，而且在很短的時間內，便證到阿羅漢果位。

對這種人，佛陀不需要向他們講複雜的東西。另一方面，當時的人思想比較單純，尤其修道人，有些只是單純的就是要修行。所以佛陀在教導時，都不是很繁瑣的。

佛陀在世時，弟子有不明白的地方就直接問他。而在他涅槃後，這些弟子要教導其他的人，所以覺得必須將佛陀講過的東西作一番整理，使得思想有一個根據。經過不斷地整理，佛法的思想體系便愈來愈龐大。

雖然佛陀所開示的理論很單純，卻含有豐富、深刻的內容。當時的經典簡單，因為在傳授時是用背誦的；要背的東西就不能複雜，只需要綱要或扼要就夠了。因此教時加以解釋，到使用文字記載時，便可以寫得複雜一點。所以後期的經典比較複雜，也都能記錄下來。佛陀教導的止觀和禪定的工夫，方法都相當簡單。後來發展到這麼多法門，當然也是為了適應眾生。

佛陀在教導時，最常用的方法是數息觀和不淨觀。對出家弟子多數用不淨觀，不過不淨觀工夫要用得好，一般必須要有些定的工夫，所以還是要用數息的方法。這兩種方法，佛教裡把它叫作甘露門。所謂甘露，在印度便是不死之藥，就是中國人所謂的長生不死之藥。也就是說，學了這兩種法門便能通往不生不滅之道，也就是涅槃之道。這是世間所用的比喻。

當然不是說修學了這個法門便會長生不死，而是說如要走向涅槃之道，這兩個法門是很好的法門。你可以通過這個門，但是進了這個門，不一定能通達涅槃，還是要接下去用功一段時間。這是你最基本的工夫，也就是以定心的法門把心定下來，不然怎樣能達涅槃？

所以，數息觀在佛教裡面很普遍，不但是基礎、也是很重要的一個法門。大部分教學止觀的人，都很重視這個方法。尤其現代的人，數息觀有其對治的作用，它可以對治散漫的心。也許，我們也可用其他的方法來對治散心，但是這是最好的方法。不過，最好的方法不一定適合你，有時最好的方法，我們也難用得上，而會用其他的方法。但大致上，多數人用這個方法來對治散心都有效果。因此，數息法門是相當重要的。

一、次第相生：止

六妙法門開始時便先教我們學數息，數了之後便隨息，隨了之後便「止」下來。在其他的止觀教學裡面，有時把這兩種方法分開。止有止的方法，數息與隨息一般可以合起來用。但是有些教止的有另外止的方法，《小止觀》在這方面講得比較清楚。《小止觀》是用止的方法，沒有直接用數息的方法。所以，在用功時把心定在身體的一個部分來止。這個部位可以是任何一個部位，但必須在身體的中央；不然的話，觀想或集中精神之後會不平衡。中間部位一般是在髮際、眉心、鼻端、胸部或者丹田的部位，一般用鼻端比較多。如果配合數息的方法，就是把注意力集中在鼻端。

在這裡，看它的六種方法怎樣次第相生。就是說一個方法運用得很好後，如何用另一個方法，一直照著次序修下去。這種教法有它的作用，也可以用這個方法，把六妙法門的每一個法門學完。

還有隨便宜法門，它的方法是說六種方法都學過、用過，也都懂得應用。在修行時，便看那個時候需要用什麼方法，就用那種方法來修，沒有規定一定要用哪一種方法；也就是根據修行的需要與心情，而在這幾個法門裡面選擇，某個方法用不上去，就用另一個方法。基本上，要這樣修學就得對每一種法門都相當熟悉，而且都要會用。

第二章裡，談到數、隨、止、觀、還、淨這幾種修行的次第。

每一個法門都可分成兩個部分，而在用功時，這兩個部分便可以前後連貫起來。在開始學時叫「修」，到了某個階段就「證」，證到第一個的時候，你住在那一個境界或層次；一段時間後，心更細了，就自然而然地要升到第二個方法。第二個方法再修，純熟了以後便證；證後又再安住，讓心更細下來。修學的過程，便是一個層次一個層次地深入。

因此，六妙法門可分為十二個步驟。前面幾個步驟比較清楚，實際上也可以實現、可以用到的。後面的是比較屬於內心的一種思考，它是屬於理論上的。如果理論基礎不夠好就比較辛苦，比較用不上去。但是只要抓緊前面的方法，就可以一直用功下去，至少到「止」的部分。

修學到「定」，還沒有智慧，觀想了之後才能發揮而得智慧。要觀想，就要有佛學的基礎，完全沒有基礎的話便無從想起。有了定，卻沒有任何理論或方法做為理論思考的話，思考的力量可能發不出來，發出來的可能是攀另一種緣。在修學佛法時，前面幾種禪定的工夫可以共外道、共凡夫。

修學佛法時，工夫跟外道或練氣功這一類的方法不一樣的是所根據的教理不同。修學不同法門的人，到了觀想時，差別就出現了；如宗派不一樣，差別也會出現。基本上，修行佛法在觀想時多依緣起，還有依幾種方法如四念處、三十七道品裡面的一些教導，也是緣起觀。三法印、十二因緣也都是觀想、觀照的對象，觀想這些就跟其他的宗教或外道不一樣了。到了這裡，不一樣的成果便出現了。

有些修學瑜伽的人，可能到「止」便停了。然後他們深入禪定，發神通而不是發智慧。印度教裡的密教自認有六、七千年的歷史，可說很早以前就有了，是屬於吠陀的思想，他們是以持咒來作觀想，後期佛教所講的很多修行方法跟他們是一樣的。印度教和佛教的密教講「輪」，由底輪至頂輪，皆為氣脈之重點，一共有七個。頂輪如果通了，就能打開。道家則將氣由氣海（丹田）引至下陰部位，由脊椎的督脈往上而至頭頂，然後再由任脈往下，氣又通到丹田，這叫一小週天。打通了前面的任脈和後面的督脈，這個人便可以長生不老。這些是依據他們所講的。

這些都與氣有關，修數息觀的時候，如果不小心又沒調好，會把氣停留在下陰的部位。那時性欲很強，因此就導致所謂的房中術的出現。有一些教派修雙修法，往往是因為那個氣停留在下陰，產生一種非常強烈需要的感覺，便應用雙修法。因此，他們在修行雙修法時可以得到大樂。感覺上比他們在沒有用功時，得到的那種欲樂更加地強烈，久而久之，便把它當作一種修行的方法。

所以如果氣引動了，又不懂得引動用氣的方法，是非常麻煩的。而且一開始，如果運用腹部呼吸的方法，尤其是女生，若氣用得不好，很多生理的毛病會出現，所以要稍微留意這股氣。因此，不要一下子挑動腹部的呼吸，最好用自然的呼吸。

如果自然的呼吸用得很好，它細了之後，有些人的氣會沉丹田（如果還是用氣的工夫的話），就是說這氣很自然地沉到腹部。氣沉到腹部，其實不是一種腹部呼吸，而是一種內在的呼吸。腹部呼吸還是相當外在的。

如果能引動到這樣的層次，不太會出問題，因為它已經很通暢，可以引動它、帶動它。如果一開始就用腹部呼吸，可能它一下子便動了。動了之後，如果調得不好，可能會有麻煩出現。而且動得很厲害時，可能會起來打拳，起來跳。很多功夫大概是這樣演變出來的，所以叫作氣功。

我們的心念調細下來，身體所需要的氧氣，也會跟著慢慢地減少，因為它處於相當平穩的狀態。有時候，我們身體的氣孔也會張開；呼吸自然便減輕，因此有些人感覺不到。如果無法數息就不要數，把注意力停留在這邊，便是「止」了。一直止下去，定境會慢慢地深入，就不要管這氣了。學佛不要注重氣，氣只是一種作用。注意呼吸是因為呼吸是身體的一種自然動作，不能不要它。而且心比較細時，便能感覺它的存在，也能感覺心的跳動。

心的跳動不是我們用的方法，因為心的部位稍微歪一點。有些人心細下來時，可以感覺心的跳動、脈搏的跳動，血管的抖動也感覺得到。但這些都不是用功的好方法，最好的方法是運用呼吸。有時人在氣動了之後，氣會走遍全身，能產生治療的作用，轉化身體，心更細時，身體便需要更細來配合心理。

有時人的心一細，氣一細，便不理它或沒感覺到它，但是一般人會有反應。基本上，體質比較差的人，反應會比較強烈。因為氣機會產生治療作用，也就是說障礙比較多，所以氣通的地方，阻礙也比較多。某一個地方有毛病，氣要衝的時候，那裡便能感覺到。因此，有些人會在打坐之後，出現一大堆的反應，但這不是絕對的。

民初時，有一個人在打坐時，身體有這種猛烈經驗，各種各樣的動作都有。後來他把它記下來，寫成一本書叫作《因是子靜坐法》。結果許多人看了他的書，也希望像他那樣跳、動得很厲害。這是他個人的經驗，不是標準的，這是因為他全身是病，而後通過靜坐治好了身體。

一般每個人都會有反應，但不強烈，有些人則完全沒有。基本上，這些人身體的生理障礙比較少，或許是個性都很平靜。他們在用功時，也許是平平淡淡的一直提昇，但不是每個人的經驗都相同。因此用數息方法，不要刻意地引動那些氣，讓它自由發展。到了這些氣發動時，注意不要讓這些氣亂跑，可以調它，這是禪修一段時間後才會有的狀況。但是在修學佛法的時候，盡量不讓這些東西來；如果氣動了之後，就可能形成一種氣功。我們在用功時，盡量只是把方法捉緊，數息！在氣調細了之後，讓它細下來，它在心裡發不發動，不要理它，發動時才去注意它，只是把方法用好。至於止了之後要怎樣用？不同的層次，用不同的方法。

（一）數息

在開始修數息時，雜念跟數息念頭在一起，修了一段時間後，數息的念頭會慢慢地加強，雜念則會慢慢地減弱。到了一個時候，我們能數得很清楚，而雜念也會很弱。到這時候，只感覺到數息的人、數息的數目字以及數息這三個念頭，外在的境界干擾很少，甚至有時候沒有什麼干擾；內在的妄念也難干擾，或偶爾只浮現一下。這個時候，就是「證」到這數息，也就是說已經到達某一種程度。

（二）隨息

證到數息的程度時，數息便很順暢，而且呼吸與要數的念頭配合得非常好，氣也很通暢，數目字與數息的念頭配合得非常好，也覺得很容易數。

但是繼續地數，會覺得這些數目字很累贅、很粗、很麻煩，而自動地把它丟掉。丟掉之後，進一步整個念頭就隨著呼吸的進出而有不同的現象。有些人的注意力在鼻端，呼吸的進進出出很清楚，這也是一種隨息。數目字在這時已經很粗了，氣很細。另一種隨息卻是順著呼吸進出，感覺「息」吸進去，又感覺息呼了出來，也可以知道呼吸的進出。

（三）止息

這個時候，呼吸愈來愈順暢，而且息也愈來愈細；細到最後，可能感覺不到呼吸的進出，那個時候便止下來。一般止只在鼻端，一直停在那邊，好像只有一個念頭而已。

隨息的工夫好的時候，就要放下數息的念頭。這個時候，只有兩個念頭：一個是隨著這個呼吸進出的念頭和隨著呼吸進出的這個人。再深一點，到了鼻端的時候，只有一個念頭，就是止而已。那時外在沒有了干擾，甚至只感覺到點的存在，身體有時也好像失去了。所謂身體失去，不是它沒有，而是指全部的感覺器官的反應力都失去了，那就是止。如果工夫很純熟，一直用下去，就能入定了。從「未到地定」這樣往上去，這時候，還是相當敏感，而且相當容易受外境的干擾。你感覺到器官已對外境沒有了反應，其實不是沒有反應，而是注意力已經集中了。所以，對那些很輕微的反應，可以完全不理會它，但是對那些尖銳的，還是很敏銳的感覺到它。

當念頭很集中時，連引磬與香板的聲音也變得相當刺激，甚至旁邊的人有什麼稍微干擾聲都會跳起來，這是心的敏銳。但是心很細，如果心住在那個狀況很好，這是反應快，一受到刺激反應很快；但是如果工夫純熟時，又會很快地定下來。就是說對外在聲音的反應非常敏銳，來得快，去得也快，心也就能夠定下來，又安住在那個定境上。這是一種止。

一般止多放在鼻端。因為注意力比較集中時，注意力的重點多放在臉部，而且觀鼻時也比較少副作用。觀眉心，眼睛觀久了，會眼球往內；觀髮際時，眼睛會往上吊，其實這是因為注意力集中時，眼球會順著它。所以，一般很少用到眉心與髮際，只在昏沉時稍用一下，目的是要把心念提起來，情況比較好時，又讓它沉下去。胸口也很少用，腹部也不鼓勵用。

但是也有些人的氣會很好，心很細時，可以感覺到氣往下沉，氣在丹田輕輕地動，感覺到呼吸在丹田的部位，這時可以把注意力留在那邊。注意力在下面的部位有個好處，心會往下沉，我們也就比較穩重；心浮起來，會比較浮躁。所以，注意的地方都比較喜歡讓它往下沉。用鼻端是配合我們的數息，數息數得好時，注意力都用在鼻端。隨息時也可以放掉，讓它停留在這一端，不用再去找地方安住。而且這時候身體的感覺很弱，要再找地方，可能必須再動這個念頭，讓它直接停在鼻端就好。

有些人開始用功，就讓心沉下來，甚至所注意的不是在身體，而是在坐墊。讓心一直沉是觀想的一種方法，從頭頂上一直觀想下來。心一直往下沉，沉到臀部，再往坐墊沉下去，然後注意力就停在那邊，不再往上跑，讓心穩定下來。在心能夠發揮作用前，必須先沉穩下來，要讓它穩定下來，就用這個方法。當妄念浮躁，觀拇指交接的地方，這姿勢是身體中間的部位。兩拇指交接時，那種觸覺可以方便把注意力放在那裡。

另外一種現象，是當發現到數息或隨息已經沒有呼吸可注意了，那麼可以讓注意力集中在鼻端，或觀想很細的念頭，觀照到還有微細的念頭在動，然後以比較安定的念頭來看這些念頭的轉動；看它們的時候，本身不可被它們轉，以免心散去。如果念頭安定在點上面，這是精神上的作用（是無形的），感覺上是定下來，是相當穩定的念頭，它不會轉變，然後用這念頭觀照很微細的念頭。此時安定的念頭不可隨著妄念轉，只是讓它安定，讓念頭閃過去。過了一段時間，注意力的力量愈來愈強，那些妄念會愈來愈弱，到最後有個輕微的感覺定在那邊，就是一心。

二、次第相生：觀

如果安定到這個層次，或者念頭可以集中在此，一直安定下來，那個念頭的力量就強。但這個強不是那種很猛烈的強，而是一種很深細的力量。如果在這時候作其他觀想的話，效果會很好，可以運用那個念頭，起任何一種觀照。

如果定力很強，念頭可以住得很穩，把以前所學的佛法教理拿來運用，可以達到一心不亂的境界。若進一步思考或觀想，會發現到學過的佛法，很快就明白，而且那種明白與平常看書的明白不一樣。感覺上是非常地親切，就好像是從自己內心流露出來的一種理解一樣。那時候所了解的佛法，與你已經有了一種很密切的關係了。更往深一層，它就是一種智慧，是跟生命結合了的智慧。一般工夫到了這樣的地步，就是運用這種方法。

如果懂的佛理不深，可用很淺的。如果一直要讓它深下去的話，就要用那個念頭一直追，不明白的地方就問；問了之後就思考，思考的作用生起來，它會一個層次、一個層次地往內深入，然後所不知道的理論，可能在不斷地思考的過程裡就通達了。

這種通達也許不能馬上運用出來，但是如果在生活中碰到某一個問題時，與所了解或思考過的理論有關係的話，你很快就會用它來反應。聽課的時候，如果講到有關的部分，你也會感覺到自己已經通達了，很容易就能把它表達出來，而且表達得非常自然，就好像從自己內心流露出來的一樣。

不過，這不一定是出世間的智慧，這是通過「定心」去思考、去觀想。因此，所觀想、所思考的道理就能夠跟所思想的念頭結合起來，因為是通過很深細的念頭思考，所以結合時就更加密切，容易成為生活的一個部分。如果一直往內深入的話，到最後也許能夠衝過人類最大的障礙、最大的局限——「世間」和「出世間」中間的那個局限。

我們不了解出世間法，完全是因為這個局限的關係，就好像一道牆，打破了之後去看的時候，才知道原來是這樣而已。可是如果還未衝過局限，不管衝過局限的人如何形容，我們都不能明白；一旦衝過去後，就能很快地明白了。所以有所突破的人，都會有種感覺，原來如此！就好像一個從小就瞎眼的人，他們完全不知道光明與色彩是什麼？唯有讓他們恢復視覺，他們才知道色彩原來是這樣。

如果衝不過局限的話，那就沒辦法，無論如何形容，瞎子就是無法了解。我們人類也一樣，要衝過局限、要達到那個地步，必須要有那深細的思考力量，才能幫助我們突破那個局限，不然的話就沒有辦法。散心時是沒有力量也無法做到的，一定要讓心安定下來。止了之後，一心不亂地去觀察。

它的基本方法就是要從數息入手，一、二、三、四……的數，剛開始妄念會多，有時雜念會中斷我們的數息，但再用功，到雜念只是偶爾浮一下，偶爾干擾；當數息數得很好，念頭數到連綿不斷，一直用功下去，掌握數息的方法，運用到很熟練，最後會覺得這個數息很累贅，便把數目字丟掉。然後隨著這呼吸，隨到愈來愈細，沒有辦法好隨了，便安定下來。安定下來後，讓它很穩地深入下去，以深細的力量再起觀照。

這種修學需要時間，只要用功下去、不執著，工夫到家了，自然會水到渠成。

「觀」分三個部分：觀、還、淨，其實都是屬於觀想的方法。把它分成這樣，是因為它觀的層次不一樣，或者所觀的教理程度不一樣。在學習的過程中，同樣的教理，也會有深淺的了解。如果了解的教理比較淺，觀想時，它的慧解就比較弱或淺；如果教理懂得比較深，就能更進一步地深入。

在觀想之前，假如我們的心不能安定下來，雖然也能作教理的思考，但是那種思考的力量不強。即使我們沒有很好的禪定工夫，在教理的研究上，仍可以從文字上去了解，甚至相當深入。但不管怎樣深入了解，你會發現到你只是從文字上去了解它。也許有些人領悟力比較強，對教理的了解不單是在字面上，也能夠更深一步地去了解它所包含的意義。這種領悟力比較強的人，一般定力會比較好一點，平常在生活裡都是比較冷靜、穩定的那種人。

要深入地了解佛法，不管是從研究上或修行上深入，都必須先要有這種定的力量。

一方面，心要穩定，另一方面能夠起思考；定力比較強，思考能力也會比較強。不過，有時一個理性的人，只要有著一般人粗淺的定力，雖缺少佛法中那種禪定的力量，他對佛法的理解，還是可以深入。但是，要把佛法轉化成個人的一種修養、一種智慧的話，還是要配合禪定的工夫，要讓自己的心能夠冷靜、安定下來。

在這個法門裡面，前面三部分：數、隨、止，雖是基礎的方法，但是能夠用得很好的大概不多。我們可以想像，我們的心落在習氣、散亂的時間長，而且轉出去時快、收攝心念慢，時間又短，力量不夠。即使每天都有坐上一、二個小時，從數息到證息，或單說數息的工夫，數到只剩能數的數目字、所數的數目字、能數的人三個念頭，就要花相當長的時間，才能在工夫上把數目字數好。至於其他的，那就要慢一點，所以我們在用功時，發現到力量不夠，主要是用功的時間太少。現在用功，就好像在跟無始以來的習氣對抗。它是散出去的，而我們要把它捉回來（收攝心念），而且散的那種習慣狀況，已經成為一股很強大的力量。所以要把心拉回來，放在很單調的數目上，工夫比較不容易用上去。

不過如果肯捨下而用功的話，參加如靜七、禪七等禪修活動，還是會有一些效果的。盡量投入修行，加上方法把握得好，在這樣密集的課程中，工夫便有連貫性，在這段時間內便能達到某一個程度。但是能達到哪一個程度？我沒有辦法告訴你，修行是沒有保單的，要看各人的習性與根性。不過如果肯下工夫，至少在這六天裡每天坐足八個小時，當然比在外面的三、五年好多了。而且如果工夫用得純熟，雖然結束放掉了一段時間，過後再用回也比較容易收。

一般在打七時，真正用功的人，會出現比較好的狀況。這種狀況如果在外面修行，可能沒有機會出現或感覺不到，因為它需要一段時間慢慢地醞釀後，才會出現。

工夫的運用，效果會怎樣，沒有辦法說，也沒有固定的現象；只是照理論來說，修行的方向、步驟是如此。也有一些人打一個七下來，他可以一下子向前跨了一大步，這是因為事先工夫做得相當夠，是有所準備的。用功時把方法用好，而且能照程序、境界一直修下去，心便能定下來作觀照。觀想時所運用的方法如果不一樣，對教理比較有認識的話，可以做深的觀想。但是有時候，那些教理也會用不上去，因為有的教理很理論化，真正要觀想時用不上去。

這裡它直接先講到觀想，從觀想慢慢地深入，並以四念處觀（不淨、無常、無我、苦）為主。如果我們從定心來觀，可以觀到這些教理，尤其是觀無我。用定心或比較細的心來分析，在觀時，我們發現到無常、無我是很現實的東西，不論拿什麼東西來分析，即使拿本身來分析，都是無常、無我的。

在分析時，對佛陀所講的教理，有很親切的體會，覺得確實講得很正確。譬如觀無我，即觀身體是由各種器官結構組織起來的。經典上講到的「三十六物」，就是指身體是由三十六種物體組織起來的，分析開來即是骨、肉、筋和皮這類的東西。從理論上體會後，觀的時候，在事相上可以看到這現象。所以，有些人在做無我觀或觀自己身體的時候，真的能看到自己身體上的結構。同樣地，在修不淨觀時，也真的能看到身體出現不淨的現象。這是從理論上去觀時，再從事相上看到。當在事相上看到時，他對教理的信心與理解，就非常的肯定。

在觀無常時用數息觀，目的是在數息時，先讓心定下來，比較容易下手。此外，我們的呼吸在作數息時，呼吸的進出就是一種無常相，若可以觀到呼吸的進出，那就是無常了。

開始用功時把念頭放在止，但是把止的念頭轉成觀，一觀息時就明顯地看到無常相。看到呼吸是無常相，它就幫助我們在教理上起觀想。這樣觀想會比較平常，通過理論的了解，更容易體會。

假如心比較定下來、細下來的時候（就是我們在用功的念頭比較安定了），就會觀察到很多妄念在打轉。妄念在轉的時候，就可以很清楚地發現到它的生滅相。一個念頭生起來又滅掉，另一個念頭又生起，生滅不停，那種生滅相就是無常。很清楚地看到無常相，過去了就是過去了。所以這無常相，一直在那邊閃爍，讓你在觀想、起觀照時，真的從身體的結構、用功的方法、念頭裡面，體會到四念處的觀法。

這時，對教理的體會便會比較深入、比較親切，在生活中便能成為思考的主要部分。一旦生起四念處的時候，從觀想裡對四念處會有更深入的了解，正見就夠培養起來，對很多東西便能夠捨了。因為你觀察到身體無常、無我、一直在變壞，是不淨的，就不會再執著或抱著它不放。這個我、這個身體，我們都不能保住它，還有什麼東西是我們能夠把握得住的？這時，對外在的東西、擁有的東西就比較放得下來。有了這種心態、思想之後，修行時的出離心便比較容易生起來。

這樣的時候，便會對觀想有所體會。然後再進一步觀想時，我們會發現有一個能觀的念頭在這邊，前面的念頭在動，「我」這個念頭很專注在觀察這個比較細的念頭在轉，專注的念頭可以體會到無常。如果觀身體時，可以體會到無我或者不淨，那麼它還是有相對的。在這個觀身的過程中，如果你繼續觀下去，就要利用外在的東西，即使是你這個身體，對心方面來講，身體也還是外在的。在觀的時候，就有一種內外的對立。

用內在的心來觀外在的東西，如果能一直很細地分析下去，也能夠了解它是無常、無我的。可是一旦有了對立，所體會到的就不是絕對，因為它還有對立。

（一）修還與證還

這個時候，它講到要「還」，意思就是對外觀想時，去分析你那個能觀的心，能觀的那個心是什麼？「還」，就是用你的心觀想你的心的方法。觀你的心，去分析那個能觀的心是從何而生？換句話說，它是本來就能觀的，還是不能觀的？本來不能觀，是不是讓它觀，它就能觀？還是說，它本來就能觀，我讓它觀我就能觀？

到了這種階段，便需要中觀的方法了。人類的思考，一定掉入四種相：「是，非，亦是亦非，非是非非；有，無，亦有亦無，非有非無。」然後就會開始分析這四種相。譬如觀，是從能觀的心生起來，還是從非觀的心生起來？還是從亦觀亦非觀的心生起來？還是從非觀非非觀的生起來？分析到最後，會發現怎樣講都不對。

我們思考的能力就到此為止。能觀的心，你再觀，不就觀上加觀？如果說它不能觀，為什麼它又能觀，從何起？亦觀亦非觀，非觀非非觀？便在那邊兜圈子。所以，龍樹菩薩的中觀那麼難學。

譬如講止時，它是自生、他生、共生，還是無因生？人類所能夠思惟的，大概就是這四種方法。超越了這四種方法，我們不知道它從何生起。當然這個分析相當麻煩，而且要對基本的知識有相當得把握。佛法到了這個時候就很高深了，學佛的人就覺得很難學、難觀了。

很多人學佛學到這裡，如果沒有真正深細的思考和領悟力，基礎沒有打得很好，對一些基本的名相或者他所要破斥的思想不夠了解，比如是、非、亦是亦非、非是非非，哲學上的一些基本概念，或者自生、共生、他生、無因生這一類的分析方法，如果都搞不清楚，當然便很難體會、很難說明，而且根本無從了解。

到了這個境界，在文字上來說，其實是超越了人類的一般思考方法。就是說他用另外一種思考方法，它不在我們的局限裡面，然後他對每一件事物的了解就是很直接的，不需要再經過任何的思考。

就好像對瞎子說圓形是怎樣的，然後拿東西去給他摸，他大概知道圓形是怎樣的。對眼睛亮著的人，拿圓形的東西給他，說這個叫圓形，他馬上就體會了，我們不需要加任何的解釋，因為任何解釋都不能表達圓形的意義。如果這個東西放在你的前面，你一看就知道，一種很直接、直覺的體會。對一個沒有看過的人，你就要從各個角度來說明；說明了以後，雖然他可能了解，不過他的了解是經過前後的念頭思考而來的。但是對一個眼睛正常的人，他馬上就知道，不需要以任何的語言文字去形容。這樣的理解方法，跟以分析求理解的方法就不一樣。

一個見到真理或者開悟的人，他們思考的方法或對事物所了解的方法就是這樣直接，他是直接體會。就好像我們閉著眼睛去思考，就有前後相，是對立性的；一有對立性，就不是完整的了。所以，我們在認識什麼東西時都不完整，因為我們的思考方法有著念頭的先後。

在分析一件事情的時候，我們可能先分析這個部分，然後再分析另一部分。有了這個前後的分析之後，在了解時就不同、不完整了。當你了解前面的部分時，還不了解後面的部分；了解後面的部分，前面的部分可能忘記了一些。這樣的了解還是不完整的，只有直接看。

開悟的時候，我們會用慧眼來形容那一種智慧，就是說那智慧如同眼睛直接看到那樣親切。其實這個慧眼是一種智慧，法眼、佛眼都是一種智慧。就是說它對事物的體會，是一種很直覺的體會，就如同眼睛看到東西一樣的親切。所以，印順導師形容這個情況時，用了「觸證」這個詞，用得真好。你證到那個境界時，就好像見到那個東西或觸到，感覺上就是很親切。就好像我說這水很燙，你在那邊永遠就不知道怎樣地燙，一旦你接觸，馬上就知道了，而且很親切。

這種方法，就是教你如何去分析。它是觀心生，還是非觀心生？從亦觀心亦非觀心生，還是非觀非非觀心生？如此去分析，就有四種相。從四種不同的角度去分析這個心，分析到最後，得到一個結論是「空」。要了解這個「空」的真正意思是什麼，不然就會掉進「有」、「沒有」的相對觀念中的空無裡去了。

如果開始時是觀外在的東西，然後慢慢地分析，觀想到最後，會有兩個對立的東西：一個是能觀的心，一個是所觀的境。那麼，你剛才觀的是以所觀的境為對象在觀，現在你「還」心，返回來，觀你的心怎樣生起。

觀外境怎樣生起還比較容易，但是要觀你的心怎樣生起時就很難。所以，從四種角度去分析，如果你都能夠真正深刻體會到從觀心生不對——觀心如何生？從非觀心生也不能！總之，怎樣都不能。也就是說，你不能分析下去，最後的結論都是空。你用很深細的心去分析時，會真正體會到不管我們怎樣去了解這個能觀的心、所觀的境，到最後還是空的。這是一種真正的體會，或者說是一種理解。

如果照《中論》所說的去了解「自生」、「他生」、「共生」、「無因生」，會覺得都不對。照這樣的文字去分析，多少便能了解。但是從文字上去分析，就有前後相，有四種相，有四種不同的層次去分別它。但如果真正在分析過程中，一直追問下去，追問到思考的最大局限時，我們便衝不過去。如果沒有再往內或往深一層去追問，就會一直停頓在那邊。如果繼續並集中力量思考，到最後，可能就會衝過去了，這時便能完全徹底地體會到所表達的境界是什麼。因為你是通過這樣的一種分析，分析以後，你這種思考能力夾在那邊，在不斷地加深定力、加深思考的力量之下，結果真的得到突破。

而在返回來看時，那四種相都是不異的。這個時候已不需要分析，就可以親切地體會會到真理，而且感到整個身心、思想就跟這個道理結合起來。那個時候，也不需要任何的思考，就能夠自然地了解、體會這種情況。所以，它仍然需要這樣一種分析，這種方法就是利用內心的一種思考力量，不斷地深入分析這個理論，讓我們真正地看到它的本性。這樣的分析方法，是經過某種程度的定力以後，一個層次、一個層次地分析下去，這樣就會對每一個過程相當清楚，這就是我們運用一般止觀法的大概程序。

如果是禪宗，它的方法就不一樣。不一樣的地方在於「心」到了某一個定境以後，直接而不經過任何的分析方法，把思考力量帶到絕路去，也就是思考的最大局限。這時，一個莫名其妙的話頭——「父母未生前的本來面目是什麼？」讓你不能分析、不能思考，在這情況下，思考能力便進入絕路。逼你到絕路去時，接下來就看各人的因緣了。如果沒有明師或善知識幫助你，或你的力量不夠的話，你就會「死在那邊」，衝不過去。如果力量強，你便能衝過，但大多數能自己衝過的人不多，多數都得靠師父幫助。此種方法是很猛烈的，一般都不能隨便用此方法。

（二）修淨與證淨

在修行時，怎樣依數息的方法，層層地深入到「還」？以佛教的思想，「還」是屬於中觀；到了「淨」的時候，就比較接近唯心的思想。

中國佛教一向在判教時，把唯心思想判得比較高深。所以就講淨，一切都淨。其實在佛教的經典裡面，有時在講淨的時候，也是在講本性空寂。講空，它是屬於否定的句子，使人看了以後有排斥的感覺。因此一些經典、論典，也用這個淨來形容空，其實這即是在表達緣起、本性空寂的空性。「心性本淨」，觀想的時候，如果能夠見到心性本淨，就是修淨。如果修的時候，和智慧相應，便能無礙方便，任運開發，就是證淨。

證淨有兩種：一種是相似證，另一種是真實證。所謂相似是好像是，而不是真的，也可能是很接近而已；「真實」則是真的。說到相似證，我們平常在修行時，也常會有這種現象，但是那種感覺並不是真正的智慧。

為什麼會有這種感覺？是因為平常經書看得多，錯把誤境當悟境。因為他多看了幾篇禪宗的公案，或是多讀了一些真如本性的佛書，印象深刻。一旦坐到某一個程度，心很平靜或空境的時候，這些閱讀過、印象深的佛法，從第八識的種子浮現出來，因為在細心的時候浮現出來，他就執以為是開悟了。如果不注意此點，便會停止在那邊，死在句下。如果親近善知識，有他們來印證一下，便可點破。這裡的相似證，還沒有達到那個證，是一個方便。而真實證是真正的證得無漏慧，相似證還是有漏的。因此要注意這相似證，不要掉到裡面去，自以為是，不然就麻煩了。

接下來，再看看觀、還、淨三種觀法，如何與佛法中的其他觀法相通：

(1)空觀——觀
假觀——還
中觀——淨

(2)觀眾生空（觀）
觀實法空（還）
觀平等空（淨）

(3)與空三昧相應（觀）
與無相三昧相應（還）
與無作三昧相應（淨）

(4)一切外觀（觀）
一切內觀（還）

一切非內非外觀（淨）

六妙法門再把空、假、中三觀，眾生空、實法空、平等空三種空，三種三昧，外觀、內觀、非內非外觀等觀法分成觀、還、淨三方面。其實三者都屬於觀的方面，只不過觀的對象、觀的層次、觀的境界不一樣。它這種分類的方法，是比較接近中國佛教判教的方法，實際上也可算是屬於天台的觀法。

這樣的分法，意思就是它有觀，「還」是比「觀」進一步，「淨」比「觀」和「還」要深一層。雖然同樣屬於觀想方法，但都分成三種，有三個不同的層次。

第三隨便宜六妙門

我們在用功時，常常會受到心的動念、情緒或身體的關係而不一樣。有時候拉得太緊，有時候則太鬆。所以在學安心的時候，要能夠善巧。

善巧是在修六妙法門的時候，知道調伏的方法，甚至可以隨心方便而經常運用。如果內心不善巧、不方便的話，修它就沒有意義了。這裡把六妙法門歸納成「止」和「觀」，止門也叫定門或心門，可講成心觀，也可寫成止觀。

六個法門都應知道怎樣去運用，主要的還是前面四個（數、隨、止、觀），還和淨的觀法，還是需通過文字了解，在用功的時候雖可以應用，但如果不是真正體會，那只是相似證，不是真的開悟。

所謂「隨便宜」，就是說在運用六個法門中的某一個方法時，有時候用不上力，那就可以用別的方法。好像有時數息用不上去時，就用隨息；再用不上去時，就用止的方法，不然就在那邊胡思亂想，說不定無意中也用上力了。譬如用止的方法是要很緊的，只管捉住念頭，不讓它跑，甚至要止念頭。止念頭的方法，你可以不理這個念頭，讓它自己去動；也可以看住自己的念頭，像貓一樣，把在轉的念頭當作老鼠，看見老鼠跑出來，便見一隻捉一隻，就是不讓念頭有機會生起來，這要注意力很專注才有辦法。如果只在那邊想，這還是妄念，不是真正的觀想，想了一段時間，就要把心收回來，數息或是隨息，或者心定於一境，說不定就上路了。

這種隨便宜的方法在《小止觀》也有講到，就是說隨著生理或心理的需要去運用。如果身體是處於一種比較有利的狀態，精神飽滿，那麼可以用比較緊的方法；如果身體很弱、很疲累，就用稍微鬆的方法。

要用這些方法，對它必須要有基本的掌握，要懂得怎樣去用。如果觀想的話，要知道從何觀起，或者是這個教理怎樣去觀、怎樣去追問它。某一種工夫用不上去時，就調換這個方法；甚至從最開始時，第一個不能用，便調到最後的一個方法，調和一下，看哪一個方法可以用得上去。

另外一種對治方法，是用回原來的方法，把自己逼到沒有路走，非用功不可。譬如數息數不上，還是偏偏要數，數到數目字順為止，不然不放過。有些人的意志力強、心力強，這種人一用上工夫，力量也就強，因為很專一之故。

隨便宜也就是說，有些人用某一種方法用上去了，又去用別的，三心兩意，它的力量可能會分散，但是說不定在調換方法時，換到一個很適合他個性或根性的方法，就用上去了。所以，各人用功的情況不一樣，只有適合自己的法門才是最好的。

六妙法門有六種方法，這六種方法還有不同的分類。

(1)數息：有些人數息要從一數到十，有些人可以從十數到一。有些人要跳著數，一、三、五、七、九、十、八、六、四、二，因為比較好玩，一到十這種順序的數目字，他不喜歡。有些人則是數二、四、六、八、十、十二、十四、十六、十八、二十。當常用的數息法變成一種慣性時，就要用調數息數目的方法，所以有好幾種方法。

(2)隨息：有一種是只注意鼻端，然後觀這個呼吸進出。另一種是觀呼吸進去，然後再隨著它呼出來，再隨著它進去，這也是一種方法。

還有另一種隨息的方法，就是觀進去的息比較長，出來的息比較短；或者出來的息比較長，而進去的息比較短。

同樣的隨息，可以運用不同的方法。在學的時候，就要看哪一個方法適合自己。

(3)止：身體有好幾個部位可以做為我們止的對象。

(4)觀：這有很多方法，如觀自己的身體、觀外境、觀某一項教理。

修止，除了以身體為所緣外，還有一個方法，是借用外在的東西來止。譬如點一根蠟燭，觀看燭火，這也是止的一種方法，但是比較麻煩，因為用慣了要隨身帶一根蠟燭及火柴。這種方法要隨身帶工具，就是所謂的曼陀羅，又叫「十一切入」，有時叫「遍處」，最基本的是水、地、火、風及青、黃、赤、白四種顏色。如果應用「地」，則自己要用泥土做成一個圓形的曼陀羅，然後要觀想時，就坐著一直看這個東西。

《清淨道論》對這個方法講得很清楚，還有一本在漢文《大藏經》中，與《清淨道論》同一論本的論書《解脫道論》也教這個法門。遍處，地大的遍處，因為世間所有物，都是由地、水、火、風四大組合而成，地是其中一大，所以地遍一切處，利用地、水、火、風來修觀，都可以達到止的境界。

依這個方法，可以進入四禪。這些方法的應用，主要是讓心安定下來。實際上，用功時第一步驟是要讓心安定下來，所以就用數息、隨息、止息的方法。當感覺不到呼吸時，就讓心停在一個點上面，這是為了讓心安定下來。當某一個方法用不上的時候，我們可以隨時把心調到一個能應用的方法，主要是讓心定下來。因此，只要那個方法可以讓心定下來，就用那種方法，心定了以後，才運用更進一步的方法。這是隨便宜運用的方法。

從「數」一直到「淨」的過程中，如果數不好，或數到某個階段不能進步了，或停頓在那邊，或者數的方法不太用得上，可用第二個方法。「隨」用到某一個階段不能用上去或不能進步了，又再用另一個方法。雖然講時是照這個步驟，但卻不是死板地一定要從數、隨、止、觀、還、淨用下去。當有任何障礙出現時，可以隨便取用一法，然後試用。能夠用得上的，就是適當的。

譬如數息用得不好，又發現自己的心沉（或者有點昏沉），那麼可以隨息，也可以起觀想。因為起觀想是把這個念頭提起來，讓念頭在那邊轉，轉了以後，昏沉的現象可能會減少。如果心浮躁得很厲害，數息數不上去，那麼可以設法把心沉下來，也就是說把心安置在某個點上，讓那個點沉到比較低的部位來。適當地運用這些方法，主要的作用是增長諸禪的功德智慧，最後當然是進入涅槃。

隨便宜這個方法，不容易一樣一樣地告訴你在怎樣的情況下用什麼方法。因此如果要應用的話，必須先懂得各種方法，然後隨著當時的需要每個去試一試看。當試到某個方法，覺得能夠用上了，那麼這個方法就適合當時的用途。

但用了以後，一段時間又會「卡」在那邊，不上不下的，所以說不易具體說出一定怎樣用，只有本身在應用時慢慢地去熟悉它。有時候捉緊一個方法，不管天塌下來，地陷下去也好，什麼都不管，捉緊一個方法就是用。

日本的曹洞宗（禪宗之一宗派），有個口號叫作「只管打坐」，就是一直坐，坐到工夫出來。表面上是什麼事情都不做，主要的是心地的工夫。這種方法，在中國佛教裡面有一個法門叫作「默照禪」，最重要的是「默中有照，照中有默」，靜靜地坐在那邊，但不是墮在無明洞窟裡面。雖然很警覺地觀到每一個念頭在運行，可是內心如如不動，所以默跟照都要提起來雙運，偏任何一個都不具足。但在開始運用時，先要讓心定下來。大部分的方法都是告訴我們怎樣止和默，止了後，並非工作完畢；默了之後，也非工作已完成，還是要觀，還是要照。

所以，如果數息，念頭、話頭、香板聲……都不理，就只管數息。這種工夫死硬，也比較笨一點，但是有用。方法是活的，寫出來時就變成死的，但人是活的，要活用。如果捉到一個方法，便要下笨工夫、死工夫，一直地用下去。

因此開始的時候，一些基礎的方法還是要的。雖然方法是活的，但是某些方法、規矩還是要照著做。因為那些方法雖是基礎，但是它會幫助你。所以，開始坐時會辛苦一點，熟練了以後，就會很有幫助。

雙腿盤得好是死工夫，是長期練出來的。如果平常腿功用得很好，能最少坐上一個小時，下來運動後又可連續坐一個小時，然後下來又可以連續一個小時，工夫就沒有中斷。數息也好，調心也好，工夫沒有中斷。腿功差，便要把它練好，調心時才能具有更好的條件。

第四對治六妙門

對治的部分，在每一種止觀法門裡都談到相當多。《小止觀》、《摩訶止觀》也有談到，《釋禪波羅蜜》談得最多，也談得比較詳細。它們所分析的方法都有點不一樣，《六妙門》談到對治時是分成三種障，就是：報障、煩惱障和業障。最常講的及一般人最清楚的是業障，譬如腿盤得不好、業障重等。

生死輪迴即是業的顯現，而業是由煩惱生起。煩惱生起以後造業，造了業以後就形成報。在這個過程中又因果報等而生起煩惱，所以惑（煩惱）、業（業障）、苦（報障）是循環而來的。

至於煩惱、業或報，它是不是一定成為障？我們習慣的講法，常使它自然而然成為一種障。障的意思是說它會障礙修行，也可能障礙生活，令我們的生活過得不寫意，或者心情煩悶、苦惱。

在生死輪迴中，只要還沒有超越生死，一定是惑、業、苦，一直在循環。但是，要了生死也要照著這個循環一直下去。平常的人把業當成是不好的，其實每做一件事情都是在造業，但是不一定是惡業。我們可以造善業，也可造清淨業。因此，業是不是障呢？不一定。甚至到了大乘佛教，連煩惱都不是障，煩惱是菩提！所以，要淨化障、提昇障，否則善業也可能形成障。

因此，業是不是障不在這個業或是形成那個報的本身，而是在受這個報或造這個業的人怎樣處理它？如果在惡劣的環境能刻苦向上，惡業便成為逆增上緣了。有時太好的環境反而令人垮下來，使你感覺到沒有什麼好奮鬥的嘛！也有些人在好的環境還是能夠有所成就，我們的教主釋迦牟尼佛就是最好的例子，放下榮華富貴去修行。

所以，環境所感受到的果報，造業形成的果報是不是成為障，就要看我們怎樣去處理它。如果我們處理得妥當，它就不成為障，而是一種增上緣、一種向上的力量。有好的環境、條件，正好修行；在不好的環境中，也可以在樹下修行。因此，一切在於自己怎樣處理。

循環有良性與惡性兩種。當業報出現時，你要讓這個循環往上面推或往下面滾，就看處理的方法。如果資質、身體不好、環境不好，也不一定是絕望的，也許在很困苦中也還有成就。也許這成就不高，但是你畢竟有過奮鬥。

所以，不要一面對問題就歸咎於業障，以免產生消極的心理。達摩祖師說「報怨行」，也就是說，碰到惡劣的環境也沒有關係，要去面對它、接受它。因為依因果的說法，你會受到這種報是以前造的業，一定要去面對它，不能夠逃避。但是在面對它時，不要灰心或消極，而應提起正念，記住這些惡業也是無常的，它也會過去的。在這樣的環境下，還是應該堅持要做的事情。

如果學了佛，知道應該行善，可是環境與能力不允許，行善的念頭也不要退失，雖然現在做不到，仍應堅持，能做多少便做多少。到時你會發現惡緣不足，使惡業不易形成惡報，因為你把這循環的方向往善的一邊轉去，惡緣往下墮的力量就不夠了，慢慢地你就會發現它有轉機了。

達摩祖師又提醒我們，住於善緣境裡面時，要提醒自己，這也是無常的，應把握這個機會多播種。不造善，惡業就滋長了，因為煩惱還沒有斷；煩惱沒有斷，加上不行善，惡法就來了。就好像種稻一樣，收成時應該保留種子，繼續不斷地播種，要不然野草就會生長了。因此，在日常生活中修行、學佛，應該堅持行善。在面臨惡緣時，知道我們的善緣不具足，但只要我們堅持，這些惡業還是會過去的。

這一生沒有成功沒有關係，因為佛法是講長遠的，有了方向，即使你這一生的每一件事情都受到挫折，你倒下去時還是瞑目的。至少覺得這一生自己曾經奮鬥過，至少這一生的方向沒有走錯。雖然沒有達到目標，但是這個方向很重要，很值得走下去。

所以如果有好機會，應該播更多的種子。通過這種對障的看法與了解，便可以往積極的方向走去。對於惑、業、苦，都可以使它往積極的方向轉去。因為我們必須要有一個方向讓自己去努力，不然的話，這一生就會渾渾噩噩、迷迷糊糊地過去；等到發現走完大部分人生的路途時，要回頭已是百年身。因此，要把障改成增上緣，即使到了最後一分鐘，也還可努力，應該把握。

當我們在修行時，障礙一定會有的。而且一般而言，修行的工夫用得愈好，往往會發現障礙愈大。當然，也有比較特殊的情形，如修到愈好時，它就愈順愈上軌道了。但是一般用功用得猛、愈急時，障礙很容易出現。這些障礙很多是我們無始以來的習氣所養成的一種習慣，尤其是內心的種種煩惱，種種的愛染和無明。

在用功的時候，這些習氣會浮現。因為在修止觀或者在禪定的時候，先要止心沉靜下來。當心沉靜下來以後，這些無始以來的習氣、煩惱就愈容易浮現，就好像讓一杯水靜止下來，裡面骯髒的東西就看得很清楚了。如果攪拌這杯水，許多骯髒的東西是無法看清楚的。

習氣是我們在用功時，往往會碰到的障礙之一，每個人的個性不一樣，但是都有根本的煩惱——貪、瞋、癡。如果要勉強地把人歸類的話，有些人是貪心比較重，有些人是瞋恚心較重，有些人是愚癡心較重。從內心的貪、瞋、癡、慢、疑種種煩惱之中，分析一下自己，便多多少少可以知道自己哪一種煩惱比較重，在修行時就要加以對治，否則修行不易提昇。

譬如貪心、愛染重的話，容易染著所喜歡的東西、境界，甚至染著修行的工具。一般來講，一有染著就容易停頓，不易上進。所以在修行的過程中，有時候就要用某一些方法，譬如分析自己是比較屬於哪一種行人，就應用某一些方法來對治自己的毛病。

在佛法裡面，有所謂「五停心觀」的法門，就是說有五種針對我們的五種比較強烈或明顯的煩惱而運用的對治方法。這些對治的方法，平常用功時都可以運用。譬如貪心比較重的人，便應用不淨觀的法門，瞋恚心較重的用慈悲觀，愚癡心比較重的就用因緣觀，我執比較重的就用界分別觀，散心比較重的就用數息觀。現代的人散心比較重，是因為現在的環境比較複雜，各種各樣新發明的物質享受刺激我們的五官，因此用數息的方法來對治散心是比較適合的。

在修行之前，知道自己的愛染心比較重，用功時便可以用不淨觀的法門來對治；或者知道自己喜歡發脾氣，用功時可以用慈悲觀，多關懷別人，多為別人著想。久而久之，就不會碰到不如意的事情或不喜歡的人，脾氣就爆發出來，也就是用觀想的方法來對治毛病。

我慢心或我執比較重的人，就用界分別觀。界在佛法分析裡面有種種的範圍，歸納起來有十八界或六界，即依生命的特質作用而分成不同的範疇，去了解生命的結構，從中就知道每個生命是由不同的作用組合而成，所以界分別是對治我執重的方法。我們容易把自己看成永恆不變的主體，一個可以單獨存在的主體，有這個我執，就容易生慢心，應該分析了解自己後，利用界分別觀來對治我執的毛病。

另外一種現象，就是只用一種法門，不管哪一種法門，在修行過程中，如果內心忽然間生起惡念，就分析惡念是屬於怎樣的惡念，是貪、瞋、癡、慢，還是疑？知道了以後，發現這個惡念一直排除不掉，那就針對這個惡念，然後應用這個法門對治它，這也是對治的一種方法。

有時在修行時，某一個念頭浮起來，要明覺到這個惡念是關係到哪一方面？由哪個煩惱生起來？知道後，便用對治這個煩惱的方法來對治它，這樣的方法只是對治當時這個心念而已。當念頭消失了，便不再用這個方法，而用回原來的方法。

這類對治的方法也是多樣化的，甚至有時候用以毒攻毒的方法。貪心重的人用不淨觀，瞋心重的用慈悲觀。如果現在瞋心生起來，便用不淨觀來對治，因為有瞋心便是你有排斥，所以要用更狠的方法。對治方法的運用相當於六妙法門的隨便宜，就是說它沒有固定或絕對是這樣。不過，普遍上是用相對的法門去對治它。所以，生起瞋恚心時可用慈悲觀來對治。如果沒有辦法，便用不淨觀，反而有效果。所以，要看當時的需要，善巧地應用法門。

對於普通粗劣的妄念，不需要對治它。但是當心修到比較細（當然不是定境），一個比較有力的惡念頭生起來時，如果不去理會，便會形成更有力的念頭，影響用功，這是用功到某一個階段時可能出現的情況。一般比較粗的妄念往往交雜在一起，分不出它是屬於哪一種煩惱，所以基本上都用數息、隨息或者是止的方法，也就是把這些妄念先止下來。止息這些妄念以後，心念就比較細，那時就可能出現某一些現象。

《六妙門》的對治方法分成好幾種。它與《小止觀》及《釋禪波羅蜜》的分法有不一樣的地方，這是因為它要遷就論文的需要，必須說明哪幾種障礙與現象是可以用六種法門中的哪一種去對治它。至於《小止觀》則直接說明，如果用五停心觀，它就單純講五停心觀對治的方法。而《釋禪波羅蜜》是以煩惱為主，講到煩惱後，才提出要用什麼方法去對治它。主要作用是說修行時可能會出現什麼現象，要用什麼方法去對治它。

相對來說，《六妙門》就比較受到限制，因為一定要用六妙法門去對治，而要遷就這六種法門。當然，這些對治的方法，不同的止觀書籍裡有不同的分析或說法，但是一些基本的原則都差不多，譬如怎樣應用、怎樣對治、大概哪一類的問題會出現等。

這一類的資料對修行有幫助，譬如修行過程所可能出現的一些問題，尤其是內心的惡念怎樣生起來及怎樣對治，它們都有提供方法或說明，在修行時便可以用得上。有些人也寫一些書教導我們怎樣去修行及用功，如果要知道這些書是否完整，可以用《小止觀》的分類來加以衡量，看裡面所包含的內容齊不齊全。如果只是告訴你某種法門怎樣用，其他可能發生的事情或問題卻未說明，這可說明寫書的人一定沒有修行經驗，只是從一些經論中抄出資料來。

有修行經驗的人在介紹方法時，考慮到的不是方法的問題，而是在應用方法及過程中出現的問題。他們知道方法很簡單，可是過程很複雜。從開始用功到修至某個階段會有哪些成果，這些過程比較重要。

一本好的修行指南，會說明在修行過程中所可能出現的現象是什麼？出現時應該怎樣去對治它？當然，每個人的個性不一樣，即使是同樣生起貪、瞋、癡的煩惱，每個人生起的情況也都不一樣。譬如你在打坐的時候，想起你的異性朋友，每個人都不同，所以各人就要用各人的方法去對治。雖然基本原則是這樣，但是方法、技巧還是有不同的地方。

修行時生起的惡念、對象與習氣有關，即使是同一種瞋心，各人的習氣不一樣，瞋心的現行也不一樣。所以在對治的時候，雖然說方法一樣，仍有善巧或細節的不同。實際上，要把所有對治的方法寫出來是不可能的。

我們在參考這些資料時，並不是死板地用某種方法，而是要掌握基本的應用方法和原則。在碰到問題時，應該知道怎樣應用書裡所教導的基本方法，然後針對所出現的那種現象去對治。所以，它教導的都是一些概念式的方法。這些對治部分講得比較詳細的是《釋禪波羅蜜》，不過本書的說明也可以參考。

在本書中特別提出「障」，如果修行遇到障礙，多是惡業比較多。所以，佛法有講到戒、定、慧三學，我們常常忽略了這個戒。其實戒行守得很好的人，修行時障礙比較少，戒就好像在修行之前，先把修行的道路開好的作用。

如果向來多行善，個性非常善良的人，在用功時會發現到前面的障礙很少；如果經常犯錯，修行到了某個階段，就會出現某種障礙。所以，把戒守好對修行有幫助，這是在真正用功時才發現的現象。

有一個這樣的故事：有一個人，每次在修行進入比較好的境界時，會在那個境界裡看到一頭牛往他撞過來。他便告訴他的老師，他的老師問他以前可有做過很大的壞事沒有？他才想起他殺過一頭牛，所以這個業便在那邊障住他前進，這便是真正的業障。在這種情況下，可以用懺悔法門慢慢去消除。

如果修行時每次都碰到這樣的情形，或整條路都是這些障礙，這樣修行起來會很累。因此，在行為方面，如果能夠先做好準備工夫，多做布施、放生等善事，增強用功的福報因緣，修行時會比較順利。如果已在修行，以前有無做好準備不知道，所造的惡業也不知道，現在遇到了便要面對它，不能逃避。

有時障礙是生理上的，譬如體質比較弱的障礙較多，導致關鍵時，生不起足夠的力量衡過。在修行的過程中，到了某個關鍵，要有足夠的意志力、體力來幫助，因為身心是合在一起的。有些人體質差、意志力又較薄弱，就沒辦法把體力提起來。但是在修行的過程裡，能夠把身體調好，也是很好的。

當自己一直往上提昇、用功的時候，會發現到身體所給的扶助比較大。但它也可能是一種障礙，也就是「報障」，因為這是業報所得的身體。這裡所講的重點，多數是放在心地工夫上。報障分成三種：(1)分別覺觀心；(2)昏沉、睡眠、散漫；(3)身心急氣，粗心流動。

一、分別覺觀心

所謂分別覺觀心，就是比較散漫的心，比較會思考而且聯想性很強。這種分別覺觀心很重的行人，可以用數息的方法（數門）。

二、昏沉、睡眠、散漫

散漫就是懈怠，昏沉時會有一點懶散的樣子，那個時候就用隨門。數息時重點是放在數，呼吸是一種幫助你的動作；隨息重點則是放在呼吸。在數息的時候，數目字給人比較具體的感覺，而呼吸的進出比較流動式，要捉緊一點，對昏沉也許有一些幫助。但是不同的法門，教導不同的對治昏沉的方法。

如果用止的方法，便是把心提到髮際來。另外一個方法，便是故意想一些東西。昏沉就是因為心沉靜下來，不想東西而要進入睡眠的狀態，所以故意把念頭提出來活動，以提起警覺來；或洗個臉，起來做點運動。

有一部經中這樣說：有人問佛陀，昏沉時應該怎麼辦？佛陀答：可以用洗臉、運動等方法。如果都沒有用，只好睡覺。因為一般的昏沉是因為睡眠不夠，精神比較差一點，因此就直接去睡個大覺做大休息。大休息也是一種方法，讓整個人放鬆下來，進入某種睡眠狀態，但是時間不要太長（不要超過十分鐘）；起來後，感覺上精神會比較好。對治昏沉時，書本上的方法，有些可用，有些不可以用。睡眠充足，精神會比較好；或是用功用得好，也比較不會昏沉。

工夫用得好一點，一上座數息便能數得好，能進入某種狀況，就等於在休息，甚至比睡覺的效果來得好，因為比較警覺。但畢竟還是色身，仍然要躺下來。因為坐時上半身尚保持警覺狀態，沒有完全休息，除非入定。即使入定，因為還要支撐著身體，就要用些力，而有某種警覺的作用，故不能完全休息，唯有躺下，可以讓整個身體放鬆，才算是完全休息，起來後精神便會很好。

三、身心急氣，粗心流動

如果氣喘、氣粗或心比較散漫時，可用止門。從動作可看出心是粗還是細，譬如有些人在運動時做得很仔細和專注，有些人則粗手粗腳的。有些人下座時，一步一步地按摩，毛巾慢慢地摺，心也細；如果動作粗，心也粗。如果用功到心念很細，在下座時會感覺不需要這麼快，動作不需要這麼粗，摺毛巾也會慢慢的，把坐墊拿到旁邊等動作都是輕手輕腳的。

有些人還勉強能忍，忍到引磬一敲，腳也同時就放下來了。從這可以看到心是多麼地粗，所以用功很難用好，有如此現象，可用止門。煩惱障中的貪與瞋就用觀門來對治，即不淨觀和慈悲觀。還門是因緣觀，是對治愚癡的煩惱。

對治業障可用淨門，即念佛觀，分為三種。

對治業障的是淨門，全歸在「念佛」，這裡的淨有真常的意思，比較接近如來藏的思想。念佛有三種，即念佛的三種身——應身、報身和法身。業障裡面有一種黑暗的業障，像在用功時忽然間一片黑暗，這就是一種業障的現象。能有白光或亮光會比較好，但是如果是亮則必須注意，要看是否是真的光；如果看了之後感覺不舒服，或感覺有種壓力或很難忍受，這些都不是好境，即使看起來像光一樣。

好的境界，讓我們的內心很自在、很清淨、很安詳。如果忽然間整個黑茫茫，是一種業障的現象。業障出現的時候就念佛，不管念應身佛、報身佛還是法身佛都好。總之，業障多可用念佛去對治。後來，五停心觀便將我慢、我執比較重的換成（可能到了中國佛教就換成）了多障眾生，也用念佛觀取代了界分別觀；就是說，業障比較重的眾生就用念佛的方法。佛是光明，可以對治黑暗；佛也是智慧，有圓滿功德，在念佛時即是念佛的智慧、佛的圓滿功德和光明。

業障一般是指黑的、不好的，念好的東西就是讓心安置在好的一面，可以對治不好的。修念佛觀可以對治恐懼心，因為恐懼也是一種黑暗、一種業障。後來到了中國，這個觀法跟淨土法門結合，變成一談到念佛，就以為是念佛號；一講念佛、淨土，好像只有念「阿彌陀佛」。其實早期不是這樣，它有它自己的方法。其實念佛號也算是一種方便，因為佛的種種功德經典中講得太多，要作觀想就很難。佛號往往多代表佛的特殊功德，每個佛號都有代表性，所以念佛號時便是在念佛的種種功德，這是一種簡化的方法。如果無法用比較深的方法，這個簡化的方法還是可以用。在修行時，如果忽然間有一種恐懼的感覺，就可以默念佛號；或是有黑暗的現象出現時，也可以默念佛號。

淨門是佛，念淨就是念佛，當然這是一種對治方法，可以幫助我們在修行時面對問題。至於要念應身佛、報身佛或法身佛？要對這些佛的種種現象有了解才用得上，現在最簡化的是用釋迦牟尼佛或者菩薩的聖號來代表佛和菩薩。

要修行就應該多參考這些對治的方法，把握一些根本的方法。如果出現某一些毛病，就可以應用它們來對治、調伏，使得心地工夫能更進一步，或者使這些毛病減除。

第五相攝六妙門

這是指六妙法門的每一門都可以含攝其他五門，和「歷別諸禪」不一樣。歷別諸禪是對外，就是一個方法可以通達其他的法門，比如依數息，可以通達四禪八定。用一法門就可以含攝其他五門，包括它自己在裡面。這樣每一門互相含攝，就可以把它歸納成三十六。

這種相攝的方法在佛教裡面是相當普遍的，在原始佛教比較注重八正道的道理時，就已經有這種方法了。在修學八正道時，修學任何一道都要含攝其他正道，這樣的修學才是完整的。而不是單單修學一正道就只是一個正道而已，這樣的修學法不是不對，只是不夠完整，因為它只是一部分而已。

發展到大乘佛教的時候，六度也是這個樣子，就是每一度能夠含攝其他五度。主要是強調每一個法門都是完整的，因為它可以含攝其他法門。在講佛教道理時也是如此，我們要把比較完整的教理講出來。因為在表達某種教理或修持法門時，往往是針對某一類的眾生而已。所以，有些教理是第一義悉檀，有一些法門則是對治性或者是適應眾生需要而有的。如果能夠把這些法門互相含攝的話，它的層面就比較廣、比較完整，修學時也能夠這樣應用的話，就更完整。

另一方面，也是因為佛法的確可以互相貫通的。如果修學佛法時，能掌握到佛法的根本道理，不管修學哪一種法門或研究哪一種教理，都可以在這些分門別類的法門之中，發現到它們的共同點所在。佛法是能夠互相關聯的，所以把握到這點，在修學佛法時就不會有門戶之見。

一、三學互攝

一個真正修學而有成就的人，就可以看出每一個法門之間的共同點在哪裡。每一種法門在修學時，有其一定的基本理則。雖然佛法有各種不同的修行法門，但是到最後都可以歸納成戒、定、慧三學。在修學時，能掌握戒、定、慧三學，就會發現到每一法門都可以貫通起來，甚至在運用戒、定、慧時，發現三學之間本就有相攝的作用。

修戒學時，能不能含攝定和慧在裡面？修定學時，能否含攝戒與慧？修慧學時，又能不能含攝戒與定呢？如果能夠含攝的話，表面上看起來是應用某種法門，其實已經完整地修持戒、定、慧三學。

我們看到某些人在某個程度上似乎是著重某種法門的，譬如弘一大師是持戒第一，可是他也有很深的定力，對華嚴法門有很深的理解。他的戒行就已含攝了定與慧。

我們只知道印順導師在慧學方面下了很大工夫，從來沒聽他強調說：我是受戒的人，我是修禪定的人。他每天都與《大藏經》為伍，天天在翻閱《大藏經》，表面上他應是修慧學的人，可是他不只智慧高、戒行清淨，他的定力也很強。這就是說，他在修學一種法門時，其實已含攝另外兩個，但他不刻意地強調它。各人有各人不同的個性，在修學佛法之初會有所偏，譬如比較喜歡研究的，就比較偏慧學這個部分。但是，如果只停留在那邊而忽略了戒和定，修學佛法就不完整了。

三學之間，本身就可以互相含攝。其實所有的法門，最後都歸類在戒、定、慧。而在修學法門中，有些方法是在兩者之間的。譬如在一些修學過程裡面，它不是強調戒，也不屬於真正的定，只是剛好是兩者之間。我們把它當作定前的方便，有時也把它歸納在戒學，有時又把它歸納在定學裡面。譬如在修學時，有人告訴我們要守護六根，不讓六根隨六境在轉。這不是很深的定，只是守護六根。它也不是屬於戒（不是直接說這不能做、那不能做的戒），因為戒通常都是明顯的戒條。這樣的法門，兩方面都歸納，但是我們在修學時，也是在修學戒或定了。如果在守護根門時又能以慧起觀照，便又有了慧學的作用了，也就具有三學的貫通。

所以，在修三學時，知道這些法門之間能夠貫通的地方，有互相含攝的作用，對修學來講，就有更廣大的意義。譬如四念處，佛陀有講到佛弟子要依四念處安住，它是我們應該安住的正見。如果觀身不淨、觀受是苦、觀心無常、觀法無我這樣觀的話，那就叫「別相觀」，要總相觀才能觀得比較完整。

總相觀又有兩種，一種是觀身不淨、觀身是苦、觀身無常、觀身無我，從所觀的對象來看出這四種現象。另外一種是觀身不淨、觀受不淨、觀心不淨、觀法不淨，以四種現象的其中一個來含攝所觀的對象，這也是一種方法。

所以，總相觀是不管應用怎樣的方法，在觀時不是停留在單層部分，而含攝其他。譬如在觀身時，已看出它是不淨、苦、無常、無我。不管觀任何一個法——觀受、觀心、觀法，都可以包涵這四個，那麼在觀時就能更完整地看出一切世間法的真相是什麼了。觀身時，觀出身體有種種的不淨作用；觀身是苦，因為身是五蘊熾盛的；觀身體是由各器官組合而成、是剎那生滅的，所以是無常無我。因此，觀這個身體時，它已含攝了這四種真相，那就比較完整了。如果只觀身不淨，就只是停留在不淨的部分而已，那就不完整。

此外，六波羅蜜也有這樣一種互攝的方法。六波羅蜜的互攝在《大智度論》裡面講得很詳細，各方面的相關資料都有收集，是很好的參考資料。《六妙門》也應用這樣的方法，這可能是從《大智度論》得到的靈感。

智者大師對《大智度論》研究得很深刻，掌握得相當清楚。所以後來建立天台宗時，雖然是以《法華經》為最高經典，但是他所講的有很多與《大智度論》有關係。《大智度論》與中觀也有密切關係，在龍樹菩薩的著作裡，《大智度論》很重要。印度的一般學者都只注意龍樹菩薩的《中論》而建立中觀學派，所以對龍樹菩薩的認識只有深的一面，缺少了廣的那一面。

中觀思想後來不能發揚光大，是因為它沒有廣的基礎。在學中觀思想時，它把你帶到一個最高的地方，卻沒有落腳之處。因為不管提出的是什麼思想，它都可以用中觀方法去破斥，而說這種思想不能建立，所以到最後變成沒有立腳之處了。如果沒有那個境界的話，學中觀的人會面對很大的問題，因為全部的思想都可以被抨破，就好像站在半空中，不知何去何從？後人如果學得不好，就會掉進頑空，這是因為不是真正了解龍樹的思想。

當然，《中論》並不是沒有建立起某一些思想，不過它們缺少系統，不像唯識學派有系統。因為唯識學派是從「說一切有部」與「經量部」發展出來的，所以對種種名相及基本教理建立得很穩，並完成它的體系。但是《中論》不是，它一開始就講「八不」：「不生不滅、不來不去、不異不一、不斷不常」，所有相對立的東西都把它否定掉，而且是兩者同時否定掉。

在印度，《大智度論》被中觀學派者忽略，傳到中國，《大智度論》也被忽略了。三論宗不包含《大智度論》，但是智者大師卻很重視《大智度論》，所以能建立自己的一套思想體系。有些人學中觀思想時，會借用《成實論》來建立基礎，其實不需要。他們只要學習《大智度論》，廣度的基礎就能建立起來了。而且實際上，《大智度論》比《成實論》還要廣大，龍樹菩薩的確是一位智慧非常高的人。

《成實論》與《俱舍論》在中國都相當受重視，十大宗派裡，有兩個是小乘宗派，八個是大乘宗派。小乘宗派指的是成實宗，另一個是俱舍宗。成實宗講空，是小乘裡最接近大乘空的思想。《俱舍論》是世親菩薩寫的，它比較接近唯識學派講的「有」，應該是根據「經量部」的思想，然後以《大毘婆娑論》為批評對象寫出來的。《成實論》的作者可能比龍樹菩薩還要晚。後來，有些研究《中論》的人借用《成實論》來幫助他們建立基礎。其實他們忽略了《大智度論》有更好的內容，就像後期中觀學者忽略了《大智度論》的重要。

現代的人研究《大智度論》時，還說龍樹菩薩不可能寫這麼大本的著作。他們也發現《大智度論》裡面的某一些思想是相當後期的，但是他們忘記印度人和古人的弟子在註解經典時，常常把自己的看法也寫下去，這情況就好像我們在看書時所做的一些眉批。以前的經典或經書都是手抄本，譬如我們看完一本書，會加一些對此書的看法或是要為他人講解這本書時，會在某個地方做些補充，就把它寫在書上。這本書傳了兩、三代，那些抄的人就把那些註釋或補充的資料抄進去了。抄進去以後，就形成那部論裡面的資料，以前常常有這樣的現象。因此如果不小心，會認為那些資料也是論中的要點。

有些學者在學術研究上，有時真的研究到支離破碎了，只要能找出兩、三個地方或五、六個地方是比較後代的思想，就可以否定前面那個作者，而忘記了這部論的整體思想是那個作者的，只有零零散散幾個部分是後代的，就以此點來否定前面的思想。例如胡適博士去敦煌找了一本神會的語錄，就說《六祖壇經》是神會講的。他說，因為《六祖壇經》有很多內容在「神會語錄」可以看到。神會是六祖的徒弟，為什麼不講「神會語錄」是抄自《六祖壇經》，偏偏要講《六祖壇經》是神會講的？有時學者是「大膽假設，粗心求證」。

神會有利用《六祖壇經》傳法，因為到了六祖時，已經是衣缽不傳，如要證明是六祖的弟子就可能會用《六祖壇經》來傳承。《六祖壇經》傳到神會時，神會可以運用，也可以自己加一些資料下去。神會後來到長安向官府爭取承認惠能是真正的六祖，他也隱隱想當第七祖，因為他認為他得了傳承。所以，《六祖壇經》就成為他傳法給弟子的根據。他的宗派叫「荷澤宗」，因他是荷澤人。後來此宗傳到宗密，他也是華嚴宗的祖師，結果就建立了禪與華嚴結合的先河。那時，荷澤宗的傳承就斷了，因為宗密以華嚴宗為主。這時候，假如神會要利用《六祖壇經》做為禪宗傳法信物的話，當然會加一些對自己有利的資料在裡面，但基本上《壇經》的整個思想還是六祖的。

胡適提出這項論點時說，神會是南頓的先鋒，稱讚得非常好。神會到後來被人忽略了，因為南嶽懷讓與青原行思是六祖門下兩個最重要的弟子，他們都在南方，後來的五個宗派都是從這兩支分出去，慢慢地人們就忽略了神會這個人。胡適博士從敦煌資料裡把神會的重要揭露出來，所以他的學術成就高，對佛教也有幫助，讓我們看到另外一面，可是他卻把神會捧得太高。當胡適博士否定《六祖壇經》時，整個佛教界罵他「胡說」，不過他無動於衷。印順導師（不是禪宗的弟子）看到佛教界裡一些不成熟的作法，默默地把所有中國禪宗的資料翻過，得到的結論是：《六祖壇經》還是六祖寫的，所以他寫了一篇文章，評破胡適的論點。最後還說胡適把神會稱讚得那麼高，如果神會還在世的話，大概也不敢承當，幽胡適一默。

印順導師為了要寫這篇論文來評破胡適的說法，把有關禪宗的資料看完，也意外地完成了《中國禪宗史》一書。日本一所大學看了這本書而頒了一個博士學位給他。其實印順導師主要目的不是在寫書，而是因為大家在吵這件事，他是佛教徒，有責任維護佛教的正統，所以去找資料，證明《壇經》確是六祖寫的。現在看到的敦煌本《壇經》不是最古老的，它只是現存最古老的，還有一本更古老，但已不在。不過通過現存的資料，還是可以看出它大概的面目。做這些研究是不簡單的，這就是印順導師的智慧高。

從印順導師的學習過程裡，可見他很注重《藏經》各方面的資料，看起來是注重智慧行，而且在慧學方面下了很大的工夫。其實他對戒也很研究，有很多著作與戒律有關係，但是他研究戒跟一般律師的研究態度不一樣。那些人的目的是實踐，他卻是要了解它的基本精神是什麼？戒又是怎樣形成的？最原始的戒是怎樣的？後來的一些戒是在怎樣的情況下補充的？他就是研究這些，所以對戒很清楚。他的定力也很高，他是通過閱讀《藏經》、寫文章，來培養定力。

真正閱讀《藏經》也能得某種定力，碰到事情心都能很穩定。所以學好一個法門，學得完整，它就含攝其他的法門。學了戒要讓它含攝定與慧，學了定要能含攝戒與慧，學了慧要能含攝戒與定，這樣的修學才完整。因此修學三學，一定要互相含攝，才是完整的修行。如果只偏某種，那還不完整。不過能把握其中部分來修習的話，也算不錯了，但是不要忽略或忘記其他部分，也要去把它含攝。

有些人會很偏重，這樣的話，成就可能就沒有那麼高。如果偏廢的話，只學某方法，其他不管，那就可能出現偏差。所以，在修學六妙法門時也一樣。如果能夠在修學時含攝其他方法的話，才能把法門學得比較完整。若要學到這樣的程度，當然基本方法要會，所以「相攝六妙門」排在第五章。我們不知道它是不是刻意安排，但是有某一些程序的作用，比如第一章「歷別對諸禪」因為沒有實際修行方法，可以暫時放在一邊。但從第二章「次第相生」開始，就可以看到實際修行的方法。而且第三章「隨便宜」，對初學的人非常重要，因為他需要清楚掌握六個方法的每一個過程，譬如方法、修、證、用功提昇等。當方法比較純熟後，用功就可隨便宜，再進入第四章「對治」，凡應用過程中有什麼問題出現，都知道怎樣用方法去對治。

接下來即第五章「相攝」，就是修學一個法門，能含攝其他法門。如此從開始學習、方便善巧的應用到完整地應用它，都貫串起來了。後幾章則慢慢把理論境界再提昇，但仍以實際修行的需要為主。

二、自體相攝

相攝有兩種：一種是「自體相攝」，另一種是「勝進相攝」。自體相攝的意思是在數息中，能任運自攝到隨、止、觀、還、淨等五法。譬如在調心數息時，它當下就是數，心要數，一定要隨呼吸，所以含攝隨門。數息要止亂心，所以是止。數息時對呼吸了了分明，對數息的心所法了了分明，就成了觀門，也就是觀想要清楚，所以屬於觀門。當心在動、攀緣五欲的時候，明覺到它是虛妄的，但是不受外緣的牽引，能把念頭拉回來，所以叫作還門。

當數息時，沒有五種蓋。五蓋，就是貪欲、瞋恚、掉舉或掉悔、睡眠（昏沉、散漫）及疑。心沒有粗煩惱垢，身心寂然，就屬於淨門。這是一個例子，在說明數門怎樣含攝其他五門，而其他門也相同，也含攝了其他五門。受限篇幅，讀者可以此類推去了解、分析它，在此不再詳細講述。

三、勝進相攝

每一法門含攝其他五門，全部就有三十六妙門。巧修六妙門時能勝進相攝，就是說一個法門修得很好的時候，它的境界就能一直往上提昇，同時把六妙法門都含攝在裡面。修其中一門就含攝其他五門，而且在含攝其他時，也可以往上提昇，所以叫作勝進相攝。

「行者於初調心、數息，從一至十，心不分散，是名數門。當數息時，靜心善巧，既知息初入，中間經遊至處，乃至入已還出亦如是；心悉覺知，依隨不亂，亦成就數法」後又再出來，心都很清楚的覺知，而依隨而不亂，就能成就隨法。在數中成就隨門已經是進一步了，接下來再「細心善巧，制心緣數法及息，不令細微覺觀得起，剎那異念，分別不生」，則是在數門中成就止門。

在成就觀門時，數息時就「巧慧方便，用靜鑒之心，照息生滅，兼知身分，剎那思想，陰、入、界法，如雲如影，空無自性，不得人法」，這就是成就觀。

然後數息時，不但成就觀智，還能知道這觀法（就是前法）也是虛假的。所以「善巧覺了觀照之心，無有自性，虛誑不實，離知覺想」，數息中就成就了還門。

再進一步數息的時候，不但不得能觀的心、所觀的境，還要「以慧方便，亦不得無能觀所觀」，就是不只對能觀所觀不得，連這非能觀非所觀也不得，所以就「以本淨法性，如虛空不可分別故」，就直接見到這法性，不可分別，成就淨門。

其實，每一段都可以在「次第相生」看到。但次第相生說，成就了數息就進入隨息，隨息成就了，就進入止息，一直進入，就是有程序，一個步驟一個步驟來。這裡不一樣的就是：單單在修數息，然後自動地隨、止、觀、還、淨，一個步驟、一個步驟提昇上去，不用換別的法門，還是在數息。可是在數息時，已經含攝後面五個法門，同時是一個層次、一個層次提昇。此即相攝的意思，也是和「次第相生」不同的地方。

所以，巧修任何一個法門，就會提昇相攝，提昇的同時把其他方法含攝起來，這是用功的狀況，像平時用功也可含攝。有時掌握了一個法門，很清楚了以後，其他有連貫、有關係的方面就會含攝起來，一個步驟、一個步驟提昇上去。

總之，有時修學一個法門時，覺得比較粗了就放下，那種是次第相生；如果修學法門時，其他有關法門的作用與功用自動顯現出來，方法沒有換，只是自然而然以這法門善巧深入，自然它的功用就顯現出來，這就是勝進相攝。

第六通別六妙門

第一、二章是次第證而有程序，第三至第六章是互證。用功時，它所得到的效果不一定相同，隨著應用方法，不一定會像前面講的，有次第的效果。這幾章所講的證相，不是次第證而歸納為互證，因為它的證相會回互；就是效果不照秩序，在修行時會有不同效果相互扶助出現。

互證情況出現有兩個原因，第一個原因就是因為在修持時，不是照秩序來的，這在第三、五章有說明，尤其第五章說明修學一個法門就含攝其他法門。因此，當修一個法門時，可能會有其他效果出現，因為它可以含攝其他法門，所以就回互。修數依照這程序來修，妄念會減少，可能修數不久就可以定下來，止的效用也有可能出現了。修持時應用這幾章的方法，在修行時就不照著秩序，而是隨時隨便宜應用，所以出現的效果、情況就不一樣。

另外一個原因，是因為宿世的因緣、善根發。前生可能用過某一方法，這方法用過後就形成一種業或種子。雖然現在用別的方法，一旦心定下來，它的效果就顯現出來。

有一次我在農禪寺碰到一個同學，她向聖嚴法師學數息觀。她告訴我，每當她與她母親吃飯時，便感覺是兩個屍體在吃飯；有小孩在玩，她卻看到許多屍體在跑來跑去，這是她過去世修不淨觀的效用。當心一定下來，這個種子就浮出來，所以她能厭離世間，這是前世修的工夫沒有中斷。

當然，有時現在所修的是延續前世修過的；也有可能前世修過某一些法門，現在又應用另外一些法門。雖然這兩個法門不一樣，但修止觀的法門，基本原則還是一樣的。譬如修止，不管用的是什麼方法，主要是把心定下來；修觀雖分觀、還、淨，還有其他觀想方法，主要還是以佛法做為觀想的對象。基本原則都是一樣，就是一種思考。所以，我們可能在修某種方法以後，心稍微定下來，以前用過方法的效果沒有失去，會又再浮現。

互證有四章，已講三章，現講通別。

天台教判是藏、通、別、圓，通、別剛好是中間兩個。藏教一般是指小乘，依三藏十二部經。通教是指其教法可通大乘與小乘，一般是指《般若經》。如果根據歷史發展來看，般若系統的經典是初期大乘佛教，也就是小乘佛教在發展了一段時期以後，最初出現的大乘佛教經典。這類經典，對原始佛教、部派佛教的教理還沒有很明顯的貶低。所以，般若系統的經典，對阿羅漢及聲聞佛教的境界或果位都還是很尊重。從教理的發展，它們就歸納成通教。別教是單單指大乘。

圓教就是指最圓融的。大乘裡面還有分不同的程度，有的比較粗淺，有的比較深。華嚴宗也是圓教，它是別教裡的圓教。《法華經》比較高明，是圓教中的圓教。因為它在判教時，有它的根據。雖然《華嚴經》最後也有講到佛果，不過把重點放在菩薩行持（五十二個階位），如何有秩序、有步驟、有次第地修行，所以是別教中的圓教，還不是最圓融的。《法華經》直接就談佛的境界，唯有佛才能究竟圓滿。所以，這就是它們判教的方法，這種方法純粹是站在一種宗教的哲學立場。

做這類判教的祖師，他們對教理的了解必須很深徹、很廣博，差不多當時傳到中國的經典都翻閱過，才能把這些經典安排在適當的位置上。這是中國佛教在接受佛教時所採用的一種方法，因為不同層次的經典常常會出現一些矛盾的地方，同樣的東西，不同的教學，會有不同的結論。

在這樣的情況下，學習的人會很頭痛，到底誰講的才對？其實大家講的都對。只是有的在小學時候講，有的在中學時候講，有的則在大學時候講。小學、中學、大學講的東西相同，但卻有不同的解釋，這是針對不同根機的人，而有不同的說法。所以，就要把教典判攝在適當的位置上，學習的人才不會無所適從，這是中國佛教的特色。

因為中國佛教和印度佛教不一樣。印度是佛教發源地，所有的經典都在那邊出現，所以他們很容易接受。可是到了中國，經論傳來的時間不一樣，有些深一點的經典可能早一點傳到，淺一點的經典反而遲一點傳到，尤其開始的時候，到後期就比較有時間性了。就是說傳入了一段時間，發展比較穩定了，之後再出現的經典才傳過來，故年代比較清楚。

傳到宋朝後，中國佛教已發展到飽和點，沒有辦法再接受新的東西，後期的密教傳進來的就很少。中國佛教已經形成本身的型態，不需要靠印度佛教的滋養，也因此後期的東西就翻譯得少，而且不重視它。所以，中國佛教與印度佛教發展情況比較不一樣。

因為中國、印度佛教的發展不同，所以中國佛教對判教的方法比較重視，差不多中國佛教宗派裡都有判教，就是把經典歸類在不同的行持或不同的層次。比較出名而最主要的是天台宗與華嚴宗這兩個宗派的判教法，到現在有一些人講經時，仍然用這些方法在判教。比如講《法華經》時講它怎樣圓滿，因為天台宗這樣判教，但這是天台哲學判教法，華嚴宗不一定接受，禪宗也不一定接受，還是有一些爭論性。

其實，到了這個時代，我們發現到這些東西都不是非常重要了。但是判教仍然是中國佛教的特長，只是根據的是現代學術方法，即依據歷史發展與不同的思想體系來判教。現在判教比較出名就是太虛大師與印順導師。

外國人比較不注重判教，雖然也可以把它歸納成某種思想系統，但不下判斷。因為在判定時，就會有哪一種比較好、比較高明、比較圓滿的意識在內。譬如太虛大師判

「法界圓覺學」為最高，他的判斷是站在中國佛教立場上談；而印順導師判「性空唯名學」是究竟的、圓滿的，是最了義的，則是站在印度佛教的立場。印順導師是在寫《印度之佛教》時加以判攝的，當時和太虛大師曾經有過討論，太虛大師並不贊成他的看法。他們兩個是師生，還是有不同的體會。

在研究佛教的時候，將它歸入某一個思想系統或體系，就是判教的方法。在這裡，我們看到《六妙門》用通跟別；通是共通、別是不共，與通不相同。一般別是指大乘，這裡的通、別是指六妙法門在應用時不同的成果及證相。到第七章「旋轉六妙門」時，就專門講大乘法門的六妙法門。智者大師覺得這樣還不夠，要使它更圓滿，還要觀心、要圓觀。因此，《六妙門》從最初到最後，是一切圓滿的說明。

第七「旋轉六妙門」，重點在六妙法門的修持與六度、四攝法；主要是六度，六度也只用布施說明而已。所以，這些都是短文、綱要。

所謂的通別，就是在應用同樣的數息方法，因為體會不一樣、了解不一樣，所得也就不一樣。這一章的說明很有意思，前面有說到我們所應用的方法有很多是共外道的，不共的地方在慧解。你對理論認識很深，並深入行持的話，就可能得到更深一層的智慧開發。如果了解比較淺薄，可能你的智慧就比較淺薄。如果你完全不認識佛法，那麼你可能與佛法不相應。這是以理論和知見為基礎而建立的分別。

不過，也可從另一個角度去看，除了理論基礎以外，還有發心的問題；甚至可以發現到所謂大乘與小乘，最主要的根本分別就在發心。其實我們對佛法的了解都一樣，譬如我們了解到苦、集、滅、道，大乘佛法也是了解到苦、集、滅、道。但是小乘佛法了解苦，他想到的只是個人的苦。所以，他要了解個人受苦的原因：我這苦從何而來？從煩惱而來。所以，我要證到滅，證到涅槃；為了要證到涅槃，所以修道，整個出發點就是因為我受苦。因為這生命個體在受苦，所以就要解決我這個生命個體的問題。

那麼大乘差別在哪裡呢？同樣的，不忍眾生苦，也是苦。但是，不忍眾生苦，就是在受苦時，心想：我真的是苦。佛法講苦、集、滅、道，絕對沒有錯。這個世間真的是苦。連我現在學佛都苦、修行也苦，那些沒有學佛、沒有修行的人不是更苦？我苦了，我還知道是苦，那些沒有學佛的人苦到自己還不知苦，還以苦為樂。於是就生起一種同情心，悲憫他們，知道這些眾生真是愚癡。你知道你苦，但是你的苦還沒有解決，你感到苦。所以，你就想到其他的眾生也是一樣在受苦。可能他們比我還要苦，我苦了還知道，他們卻不知道他們在受苦。於是發慈悲心、發四弘誓願，要度這一切眾生。

有時，我們在思考時真的很苦、很矛盾，那麼做白癡不是很快樂、很好？其實白癡更苦，他苦到不知自己苦。你腳痛還知道痛，有些人痛到不知道，因為他麻木了。如果你不覺得苦，那沒有關係，但你其實是在痛，只是因為麻木了，所以不感覺到痛。我們知道苦、知道痛，才有機會改進它。你連苦都不知道，你就不能改進它。你痛都不知痛了，當然不會想多用功一點去改進它，使得腳不痛。

有些人知道了痛以後，會想到別人：我要幫助他人，這就是大悲心，是大乘的精神了。但是發展到最後呢？教理不一樣，效果也不一樣。這個時候證的果也不一樣，為什麼會這樣？這是因為解決個人問題容易，解決眾人問題麻煩。眾人問題與個人問題不一樣。個人問題是別業，要轉比較快一點，共業要轉就比較慢。所以形成到最後，大乘佛教的思想體系會這麼龐大，因為要解決眾生問題，它不得不龐大。就好像我們開一間個人有限公司，家族式的，經營就很簡單，一家人開家庭會議就解決了，這是小乘。如果是一間大公司，就不是這個樣子了，必須要有管理系統，所以不一樣。解決個人和少數人的問題比較容易，人多就不一樣，要面對許多人事上的問題。

所以，發心廣大的時候，會發現到煩惱比別人多，所以煩惱無盡！個人煩惱有盡，眾人煩惱無盡。因此，菩薩的煩惱比眾人還要多，但不是自己的煩惱，而是眾生的煩惱。做媽媽的最清楚，在少女的時候，什麼事都可以做；當了媽媽之後，要照顧多個孩子，就不一樣了。因為每個孩子的個性不一樣，煩惱也就多了。

菩薩就是這個樣子，所挑的是眾生的煩惱。所以天台宗說，菩薩要斷「塵沙惑」。塵是微塵，沙是恆河沙，有這麼多的障礙、煩惱之惑而叫塵沙惑。這些惑是誰的？不是菩薩本身的，而是眾生的，所以不一樣。行持菩薩道要廣大，那麼法門就要適應眾生。所以，大乘佛教很重視四悉檀：「世間悉檀」，世人喜歡什麼東西，我們就用來適應他。「為人悉檀」，建立一個善法、道德、善良的社會。「對治悉檀」，對治一個一個的毛病。對根機已成熟眾生，則告訴他「第一悉檀」，解決他的根本問題。

所以，大乘法門含攝的範圍廣，有很多世間法，外道法都把它拉進來，只因為要度眾生。而且佛說過：「我所說的法，如手指甲裡的泥，沒說過的如大地土。」意思是說，以菩薩道立場來講，還有很多法是佛陀沒有講的。只要這世間認為是好的、對人類是有幫助的，都可以把它歸納在大乘法裡，微妙善語皆是佛法。基本上，大乘法雖可以含攝其他善法，但是有些善法裡有汙染的如果把它收進來，可能整體佛法會被它汙染了。

大乘法可以包容一切善法，這是大乘佛教的長處，也是它的弱點。因為好的能吸收，不好的也進來擾亂，到最後分不清到底哪一個是真的佛法，因而會有變質的現象，但是它廣大、活潑。修行方法在世間流傳開後，不管是什麼，都容易有弊病出現。我們宣揚佛法的人，適應這樣的時代，要盡量讓它的利益增加，弊病減少，就是這樣而已。

我們不能講我們所講的絕對沒有問題，不要講這種話。因為不管你講得怎樣好，聽眾裡面總是有人不相信你；或不管你為人怎樣好、怎樣的包容，還是會有人反對你。不過，我們學佛的立場就是盡量減少反對、減少負面的力量，而盡量增加利益。所以，我們要適應這個時代、地方的需求，讓更多人能接受到它。但接受以後，不擔保我現在教的法門五十年以後還是這麼好用。可能過了二十年，這方法被淘汰了，新的宣傳方法出來。教理當然還是緣起，體驗也是體驗緣起，只不過表達的方法會有所改變。

譬如以前太虛大師穿長衫講經，使用黑板，那時叢林傳言他是魔，勸人不可跟他學佛、聽他講經。年輕的去聽，容易接受，到現在大家才有這樣的機會來講。講同樣的東西，普遍適應，當然不能說是最完善，也許有某一些缺點，但利多於弊。從前那方法不能說不對，只是不適合這個時代了。所以，我們在應用這些方法時，都是這個樣子。我們盡量減少它的問題與弊病，增加它的利益，但是不能說它是絕對完善的方法。只要落在世間法裡，一定相對，有利必有弊。所以，我們看事情一定要從兩方面去看，不要以為自己看到的是唯一的真理，這種心態最可怕。結果你要大家跟著你，只要一個人不跟就不行，因為我就是真理！講這樣的話，就是落在世間法，而有著我慢的心，容易形成獨裁、排他排外的心態和作法。

所以，我們了解到這就是大乘法門的廣大，它有它的利益，能夠吸收更多的眾生，適應更多的眾生。像我們用現代一些方法來教學，以大乘佛教的立場來講，這是對的。但是用得多，可能慢慢會有問題出現。現在有些人在弘法時要唱歌、獻花，做到最後，唱歌、獻花一個小時，弘法半個小時。本末倒置，弊病出來了，只為了要吸引更多的人來看他。他沒有料弘法，就用這些東西來掩飾一下。他可以說有幾千人、幾萬人來聽他說法，但他說法的內容很淺。

不過要弘法，有時也不容易，這些都是幫助眾生的一些方法。所以大乘佛法到最後，一些外道、世間法的東西摻雜進來，甚至有一些東西變質了。大乘佛法容易因為廣大而出現缺點，這種情形是不可否認的。因此，我們現在盡量把它那些符合的表達出來，不符合或不太適合時代、地區應用的放在一邊，譬如馬來西亞佛教與台灣佛教是不可能完全一樣，所以要適應不同地區來發揮。這也是大乘佛教的精神，接引更多眾生，要用適當的方法。

所謂聲聞佛教或小乘佛教就不需要，因為它的對象單純，所以它可以用簡單的方法，因此它們的發展就沒有那麼廣大。但也有好處，就是比較能保持原貌。所以漢文系的經典，《大藏經》可以不斷地加入資料，不同時代編的可加進不同時代資料。日本人編的《大正藏》，其中有二十冊左右屬於日文的，這些資料在中文《大藏經》是沒有的，到日本才加進去。大乘佛教的《大藏經》可加資料進去，南傳的《大藏經》不能加入新資料，也不能加入任何一部經或論。但大乘佛教就可以，只要認為適合佛法就收入，這就是大乘佛教的廣大。

之所以會有這種分別，最基本的力量就是發心的問題，從這基本的分歧開始，發展到最後就有兩個不同的型態出現。一個重個人，它的方法單純，可以有一個範圍，不需要擴大範圍；另外一個要適應更多人，適應更多時代、更多地區的人，要用不同的方法，加入新的資料，運用新方法，甚至採用新概念，所以就廣大了。

在這邊它只是這樣談到，所以我們發現到理論基礎的不同，修六妙法門時，它的效果就不一樣。如果沒有一般理論基礎、完全沒有佛法基礎，也不想修習佛法，我們也可以教六妙法門；修了以後就會身體健康，精神飽滿，注意力集中。現在很多瑜伽之類都是這樣，不標榜宗教，其實它們都是從印度教發展出來的，純粹是一種健身或身心調養的方法。我們也可以這樣做，但是會很可惜，因為這個法門可以通到很深的精神，提昇到很高的境界。

所以，這是理論基礎不一樣。如果你學的是這一類，那麼你就屬於凡夫。如果你再學了一些哲學或追究本體，那你就會去鑽亦有亦無、非有非無等無記的理論，而落為外道。有的人是根據四聖諦作觀想，就落入聲聞道；求自然慧或求十二因緣的智慧，就落入緣覺道，即觀數息因緣或各種因緣都是空無自性的。所以，不受不作、不念不分別，心如虛空，這就是緣覺道。再進一步的菩薩道，是求一切智、佛智、自然智、無師智。

因此，根據不同的理論基礎修學同樣的方法，效果也不一樣。也可以這樣說：你所發的心不一樣，修學同樣的方法，得到的效果也不一樣。如果你打坐是為了身體健康，這是凡夫外道。想學神通是外道，想求個人解脫是小乘。想學了以後去幫助眾生，那是大乘。發心不一樣，同樣的方法，效果不一樣。

如果只是求個人問題的處理，到了一定的程度就解決了，坐了身體健康，所以每天坐十五分鐘，平常生活覺得滿意就停留在那邊。要學神通，則要入定；要個人解脫，就開發智慧修入正道；要度眾生的話，就要與六波羅蜜相應，也就是後面所講的「旋轉六妙門」。

所以，通別的意思就是說，即使修持同樣六個法門，得到的效果可能也不一樣。這是因為在修學時，發心、理論基礎、方向與目標不一樣。大乘法門的禪定很廣大，小乘法門的禪定比較單純，因為大乘法門要適應太多眾生，小乘法門則不必適應太多眾生，所以不一樣的地方就產生了。總之，屬於佛、菩薩的智慧，平等大慧，無曲折心，入中道，見佛性，這就是大乘菩薩道。

第七旋轉六妙門

旋轉證裡面有一個是解，另一個是行。旋轉證可能是從《大智度論》裡，一種叫作旋轉陀羅尼門延伸而來。證到這個旋轉陀羅尼門的人，能得到無礙的辯才，有巧慧方便，能遮諸惡而令不生起，捨諸功德而令不漏失，這是菩薩所證到的陀羅尼門。陀羅尼在佛法裡面後來成為咒語的意思，最早期的陀羅尼是總持的意思。「陀羅」打轉以後，持續旋轉而不倒下來。運用這法門來修持的話，就能憶持佛法不失。很多修菩薩道的行人，為了要不斷地轉世度眾生，又不失去對佛法的憶持，而修陀羅尼法門。陀羅尼的法門，也是大乘的法門，是一種把佛法分門別類，然後把它記憶起來的一種方法。

以前的佛法是用口傳，純粹是用腦子記憶；要記憶就必須有某些方法，這樣才能記得較多、較深。其中一個方法是背偈頌，把那些教理用偈頌濃縮後背記起來。印度有很多論書、經典都是以偈頌為主，甚至後來要憶持經典時也是以背偈頌的方法。一個偈頌就包含著十部經典，偈頌裡的某字或某句就代表一部或幾部經典，現在結集的《中阿含經》還有此情形。十部經後面就有一個偈頌，把偈頌背起來，就表示可以記得或懂得前面的十部經典。戒律也是一樣，十條戒用一個偈頌，這是一種使我們容易記憶的法門。

到後來，這個方法演變成用字母來持，就好像把這些字簡化。比如修阿彌陀佛，我們明白阿彌陀佛是無量佛的意思，無量佛的內容包括了無量光、無量壽的意思。可是傳下這方法時沒有解釋阿彌陀的意思，傳了幾代以後，阿彌陀佛就變成一個咒語了，因為不明白阿彌陀佛的意義。就好像現在一些沒有受過教育的人念阿彌陀佛時，就把它當作咒語來念。問他什麼是阿彌陀佛，他不知道，這就和咒語有點接近了。所以為了憶持，有某些方法用一些字母、字音來方便記憶，那些字音流傳久了，就形成一種不能解釋的意思。最後演變成咒語，就叫陀羅尼。

早期般若系統經典看到陀羅尼的時候，它不是指咒語，是發展到較後期才形成咒語。比如阿字門或是什麼字門，阿是第一個字，梵文字母裡面，第一個字就是阿，「阿字本不生」，到最後就是咒語，是一個修行的方法。

證到旋轉陀羅尼門時，就能憶持而辯才無礙。因為憶持的東西，知識、內容很豐富，所以在表述的時候，內容廣，也能深入。在發揮的時候，能使得聽的人覺得受用，從中培養辯才。

旋轉六妙門，重點在解釋菩薩的法門，這個程序和前面所講的都是互通的。從第一章到第五章都是共世間法（小乘法）和出世間法（大乘法），到了第六章，則把這個意思突顯出來。第五章好像是橋，因它有一些是小乘法門，有一些是大乘法門，有一些是共世間法或不共世間法。後面講的大乘法門，如藏通別圓，通教後就是別教，別教就是不共世間法。我們有五乘共法、三乘共法、大乘不共法，在五乘共法的時候，它是共世間和出世間，再上去是不共世間的三乘共法，最後大乘不共法是菩薩的特法。

到了旋轉六妙門，應該是屬別教，把六妙法門歸納為大乘法門。如果注意到智者大師在解釋旋轉六妙法門時，不僅談到空和假兩種智慧，後面也談到「中」了。總之，它從空出假，所以這個旋轉很有意思。在這段內容裡面，它把六妙法門行持和大乘菩薩道完全融合起來，進入了旋轉六妙門純粹是屬於大乘法。

修大乘六妙法門，它有兩個部分。一個是理觀，如怎樣依這個理起觀想，使得這個法門能深入。修大乘菩薩道一定要有深的智慧，沒有深的智慧，菩薩道不能成就。所以，一定要深入理觀。另一個是實行，實行的重點在六度法，不過它只是提出布施的實行方法；也就是說，修此法門，在理論上要觀，在事相上要去實踐、行持。

在理觀方面，這些菩薩修六妙法門任何一個法門，從空出假觀，去旋轉出一切的諸行功德。在修持的時候，「當發大誓願，憐愍眾生；雖知眾生畢竟空，而欲成就眾生，淨佛國土，盡未來際。作是願已，即當了所數息」，或所修的法門「不生不滅，其性空寂；即息是空，非息滅空，息性自空，息即是空，空即是息；離空無息，離息無空，一切諸法，亦復如是！」在理觀方面必須要觀空，空就是理觀，大乘佛法觀法印，法印就是諸法畢竟空。

在觀一切法畢竟空的時候，可以發現到般若系統的經典，都是在反覆說明如何觀空，把它簡化的例子有《心經》。這裡用的句子跟《心經》的句子是一樣的，譬如它的「息即是空，空即是息」和《心經》的「色即是空，空即是色」是一樣的意思。《心經》用色，其實指的是五蘊皆空，接著以受、想、行、識，亦復如是。照印度人的習慣可能不是這樣的寫法，而是「色不異空，空不異色，色即是空，空即是色。受不異空，空不異受；受即是空，空即是受……」，以此類推，把五蘊都寫出來。後來譯成中文時就被簡化，可能它的原文就是如此，不過照印度人的習慣，大概是不會簡化。

玄奘法師在翻譯《大般若經》六百卷時，其實很多內容都是重複。但是鳩摩羅什翻譯時，他常常用「亦復如是」簡化而解決了。玄奘法師在翻譯《心經》，也是用這個方法。或許這部經的原文就已經簡化，他借用前人所翻譯的方法把它簡化。不過，在翻譯《大般若經》的時候，他就沒有簡化，所以六百卷《大般若經》，翻譯的時間比二百卷的《大毘婆娑論》還要短。他只用幾個月的時間而已，主要是《大般若經》裡有很多重複的地方，翻譯時，只需把重複的寫下來就行了。有些人翻閱《大般若經》時，就從頭閱讀到完，真的有六百卷。太虛大師在閱藏的時候就是用這個方法，一方面是理解，一方面當作修持（閱讀經典也是一種修持）。當他閱讀《大般若經》到要結束的時候，冥然入定，證到空觀。

理觀重點在如何觀這個空。觀空後有一個最大的作用，就是對一切法都不染著。空的內容深，包含了無常、無我、寂靜三法印。如果能觀一切法畢竟空，對世間法就無所染著。修學菩薩道的人，如果沒有這個深觀，不能這樣地深入去觀照諸法畢竟空的話，而又對這個世間有所染著，從功德上來看，他所行的就有限。有染著，就有限，因為執著有功德，所以梁武帝才被達摩祖師講了一句：「沒有功德。」

另一方面，有染著就不能自在，因為每做了一件好事，都一一記住。所以，好事做得愈多，就愈不自在。像梁武帝，因為記著做了那麼多好事，哪能自在？修學佛法要觀空，發了心就要實踐，要觀三輪體空。除了理觀，還要深入觀一切法畢竟空寂，一切要真正去實踐，實行時以六度法門為主。六度中特別說明布施波羅蜜，因布施在菩薩行持裡是最能表現廣大行。布施是給予人家方便及種種好處，犧牲自己的好處，給予別人利益，這是外財施，捨身則是內財施，布施身體的某個部分，如血液、器官等。捨命是為了成就某一些人、某一種事業或是為了利益更多眾生，寧願捨去生命，捨己為群。法布施是宣揚佛法，讓更多人能懂得佛法，讓人心淨化，為社會建立一個更美好的社會，成就淨土，莊嚴佛土，建設一個人間淨土。不能因為這個社會不好而不去行善，風氣愈壞，愈要宣揚佛法，更應該行善。如果不去做的話，不是一點希望都沒有了？所以，人心敗壞的社會更需要佛法，因為至少在這個社會還有一群好人，維持這個社會不會墮落。

佛經裡有提到人類在墮落時，最惡劣的情況是連自己的親戚見了面都要提防，結果大家都躲起來，都怕對方會隨時隨地動惡念，拿刀殺人。後來發現到這樣下去不是辦法，於是便生起善念，慢慢地社會又改進了，於是人壽再增，這是佛經的說法。從這裡有個啟示：社會風氣愈不好，佛法愈重要。有人有機緣接近佛法，就應該盡你的責任，把佛法講出來。也許講的時候會受人嘲笑，笑你還在講仁義道德。可是如果再不講，那會更糟。相信一定也會有人贊同而跟著學習，畢竟還是會有人想要上進，想要淨化。

其實，在現今的社會裡，如果沒有宗教、仁義道德這些觀念在維持著良善風氣的話，這個社會可能更壞。所以，宗教家、道學家都有他們的貢獻，這個貢獻是無形的。要把人心改善過來，是一件非常艱辛的工作，要建設一個人心淨化的社會也是一件困難的事，但還是有一群人在默默耕耘，這是一股維持社會不會墮落的力量。這就比如一所學校雖有一小部分害群之馬，使得整個校風被破壞，但大部分的學生還是寧願靜下來讀書。如果校長能整頓校風，把那些壞傢伙揪出來，整個校風就會改變很多，大部分的學生也都會歡喜。

社會也是一樣，嚮往和平、寧靜生活的人比較多，但是那些壞人有某些力量在破壞。破壞的東西比較容易看到，建設的東西則不易看到也比較慢，尤其是人心的建設。譬如建一間建築物如需要二年，破壞它只要一顆炸彈，一切在轉瞬間就化為烏有。很多美麗的樹木需要幾十年、整百年的時間來培育，如要把它鋸掉，一下子便解決了。

人心的淨化，當然是比較慢的工夫，不過這個工作還是要做。如果社會上有一部分的人慢慢去影響他人，那麼不好的風氣就有機會改善過來。要當菩薩，就要設法領導，領導並不表示一個人就能把整個風氣整頓過來。領導就好像酵母，它有發酵的作用，先把大家的力量聚合起來，就能形成一種風氣、一種力量。

大乘菩薩道不應該是一個人的工作。那些比較出名的菩薩，大多是在領導，真正的工作是所有的人在做的，因為佛法講緣起，不是一個人就能解決所有的問題，而是需要其他的人來配合。就像阿彌陀佛的淨土，不是阿彌陀佛一個所創立。他在因地行菩薩道的時候，發願要建立一個淨土，有了「構思」和「藍圖」，他便依其所願而行持這個菩薩道。在行持菩薩道的過程，慢慢地培養這些人，就有很多人跟著他去實踐，把功德迴向到此淨土。此淨土是由淨土裡的佛菩薩，還有安住在裡面的眾生的共同願力所成就的。阿彌陀佛是起領導的作用，在整個淨土裡面他是主因，靠眾緣和合，西方淨土就成就了。

菩薩在行菩薩道和廣大行的時候，若能看到緣起，就能夠實踐，否則無法實踐。要讓黑暗充滿光明，一盞燈是沒有多大用處，因為一盞燈的作用不夠大，應該也要把別人的燈點起來，而且愈多盞燈點燃了，它就愈亮。燈與燈之間的光亮，不會互相障礙。但是有些人卻怕自己的光被他人蓋過，而不讓他人的燈點燃。所以，有些做師父的，不會把工夫全傳給徒弟；有些做老師的，會保留知識，只因為怕學生比他好。在佛門裡面，有一些人做佛教事業時，還是有這種心態，這是凡夫心態，不是菩薩的心態，還有含有慢心，不敢成就別人，而要別人來襯托他。真正的菩薩是成就每一個可以成就的人，這樣的菩薩行才能廣大。

觀世音菩薩有那麼多化身，是因為每一個修觀音法門的人都是觀世音菩薩的化身。你起慈悲心，覺得觀世音菩薩了不起，要學這種榜樣，不是單單只念觀世音菩薩，要他保佑你而已。觀世音菩薩所行的法門多麼廣大，眾生有苦難，他就會去救，設法幫助他。現在，你也應該如此修學，譬如某個地方有了災難，學觀音行、修慈悲心的我們，應該像觀世音菩薩去幫助他們。這一善行的實踐，當下的你就是觀世音菩薩的化身了。所以，觀世音菩薩的化身是無處不在，只要有人行持他的精神，觀世音菩薩的化身就在那邊了。所以，他才能夠「千江有水千江月」，到處都有他的精神。

大乘菩薩道在事相上要有廣大的實踐，就必須要有個中心思想，有一種精神讓人們跟著你去實踐，讓所修學的法門廣大。如果樣樣都以自我為中心，全部都要向自己看齊，這樣就變成世間政治人物的作法。這不是佛法，也不是佛教的菩薩道。佛教裡面的僧團，也是菩薩道的一種行持方法。現在一些佛教團體也是這種方法，這就是廣大行。

從布施去了解廣大行，要使得廣大行更加有力量，就要有深觀的智慧，不然的話，就會掉回世間法裡面去。深觀必須要有實行，要讓理觀從實行中表現出來，因為理觀只是一種理論罷了。無論佛法有多好、多妙，都必須要有事相去表現，如行布施、行忍辱等實踐。不然的話，理觀、理論就成為玄談或是戲論、空論。但是如果只在事相上去實行，而沒有理觀來深入，就成為人天乘法。所以，理觀和實行要能溝通，這是事理無礙。在行持菩薩的廣大行時，若能觀三輪體空，行持時，境界才能夠無限地提昇、擴大。心不染著這些法，就可以自在地去實踐，這兩者一定要能多貫通。

中國佛教就把它當兩回事，理論談得又高又妙，可是實行做得很少。有些實行做得很廣、很多，卻不是菩薩道，都是一些人天乘法。譬如每逢法會都有幾萬人到寺廟拜佛，但是其他的時間就沒有看到，這種佛教有什麼用？或者是很多信徒來了，但只懂得供養師父，拿水果供佛、燒香。這樣的話，這道場沒有成功，因為它不能讓這些信徒有更深的佛學知識，有更廣大的行持。除了護持道場以外，還有更重要的事情要做——社會福利、文化教育、弘法事業，都是應該去實踐的工作。有些是理論談得又妙又圓融，日常生活裡面卻一點都用不上去，不但講的理論高到別人攀不到，連自己講的都沒有辦法攀到。

中國佛教就是有這個缺點。有的寺廟拚命在事相上做了很多東西，可是來來去去就是那一套，不能進步。譬如有些佛教團體就是這樣，做來做去就是法會，當然不是說法會不能辦，畢竟法會是某種度眾生的方法，可是一年的活動看起來，每個月都是法會，弘法的工作很少，有時只是隨便請一個人做做通俗演講，講來講去都是同一套，聽後也不能實用。而有些卻落在玄妙裡，他們雖然弘法講經，講了很高深的經典，卻無法去實踐而讓人受用。菩薩道的確是難行道，除了要在理論上能夠深入，在事相上也要能夠廣大、能夠實踐，讓兩者貫通起來。

不過，站在自己的立場時，不可好高騖遠，也不要急功近利。在開始行菩薩道之前，應衡量自己的力量，做自己能夠做的工作，也許在實行時不是很廣，但這是實行，盡量設法做好這工作。不過，每一件善事、每一個善法，做了以後，就要把它放在一邊，不要都記在日記簿裡。記得有一句話說：「施恩不望報」，不要期盼別人的回報，只想到能盡量施，施了以後放在一邊，不要去執著，這樣就能讓事相與理觀相應。

沒有一個菩薩一開始就像觀世音菩薩那樣，也沒有天生的釋迦、自然的彌勒，一切都是慢慢修來的。如果現在開始發心、開始做，讓別人知道佛法，知道應該做個善良的人，無形中就替社會種了一個善根。

這些需要相當長的時間培養起來，所以不要急、不要好高騖遠，不要在那邊「玄談」，講了一大堆理論；也不要做了一點點善事就唯恐天下人不知，而應使事相與理觀契合，這就是行菩薩道了。

第八觀心六妙門

「觀心六妙門」是觀心和圓觀的部分。講到「旋轉六妙門」的菩薩道時，實際上，要實踐這個理論或是事相，六妙法門是可行，不過要實踐得好不容易。因為深觀性空，度一切眾生而無眾生可度；為了廣大行，雖知無眾生可度，卻要建水月道場，做空花佛事。雖然知道這些都是性空，可是要行持這廣大行時，就要依這緣起事相而做種種的事業，建立道場，莊嚴佛土，成就眾生。如果能夠這樣的話，就能圓滿這個菩薩行。觀心和圓觀法門已經是進入唯心體系，中國佛教比較偏唯心的思想，圓觀就偏圓頓的思想。

太虛大師判教的時候，認為「法界圓覺」是最高妙的，中國佛教的判教也是如此。實際上，如果是以菩薩道的立場來講，第七章的「旋轉六妙門」已算是非常好，而且可行。到了第八、九章：「觀心六妙門」、「圓觀六妙門」純粹是一種觀想，實踐的工夫已經很少。在第十章「證相六妙門」裡面，雖然分成四種證相：次第證、互證、旋轉證、圓頓證，可是重點是在圓頓證——第四個，前面三個只是略略介紹一下，第八、第九章結合了第十章。最後一段，就是天台或是一般中國佛教所說的圓頓法門。前面所講的是如何觀心、如何圓觀，後面就講到觀心和圓觀所得到的效果，而且第十章大部分的篇幅在講圓證。

可見智者大師在寫這部《六妙門》時，最後的思想還是歸入圓頓。雖然它是不定止觀，但前幾章都是可行、可實踐、可理解。他把它講得更加圓滿，將《六妙門》推到最高的境界上去，所以就有觀心和圓觀的方法。實際上要用語言來表達觀行比較不容易，因為它們說的都是觀法，是屬於文字上的。

中文字的應用非常巧妙，但是應用在語言上時，因為中文字同音太多，講的時候即使講得很清楚，總是感覺有一些地方需要思考一下。然而，從文字上看就沒有問題。其實，如果中文程度稍微好一點，雖是文言文也會明白的。《六妙門》的文字是很美的，有很多部分是四句四字。其實中國佛教裡的論著，那些作者的文字修養都很好，如《摩訶止觀》，詮解《摩訶止觀》最好的就是天台第六祖湛然大師，他的文字優美，他寫的《止觀輔行傳弘決》寫得實在好，文字也很美。

觀心要再用語言來表達是比較辛苦的。「行者初學觀心」，直接講到觀心「一切世間、出世間諸數量法，皆悉從心出」。所以，他的數息不單單是數息的息，而是包括了所有的東西。因為所有的東西都是有數量、都是從心生，這已是唯心的思想了。離心之外，更無一法。所以，一切法都依這心而數，心者就是數門。在修「觀心六妙門」的時候，開始就直接觀這個心，因為一切法都是由心而生，離開了心就沒有任何法。一切法的存在一定有數量，這數也是由心而生。直接觀心，就是數門。

在觀心的時候知道一切數量之法，「悉隨心王」，假如沒有這心王，就沒有心數（心所法）。心王動的時候，心數也動。「一切諸數量法，依隨心王」，如是觀數，就知道心是隨門。所以心數，就是心所法，我們的心王就約這個心而言。依心而生起的種種心理作用，叫作心數，比如貪、瞋、癡的煩惱。不貪、不瞋、不癡的善法，也是依心而生起的。這些都是追隨著心王而有的。

觀心王的時候，就見到一切心數法或心所法，它們都是隨著心王而有，全都繞在心裡，這叫隨門。接下來觀心的時候，「知心性常寂，即諸法亦寂；寂故不念，不念故，即不動；不動故，名止也」，這是止門。在觀想時，就把這些文字背一背。觀心，即觀全部都是由心生起，心本性是空寂；心空寂，它就不動，不動當下就是止，這就是止門。

觀心時，「覺了心性，猶如虛空，無名無相，一切語言道斷，開無明藏，見真實性，於一切諸法，得無著慧」，這是觀門。知道一切法，在觀心時知道心猶如虛空，起這一種觀照的作用，知道心好像虛空。其實「觀心六妙門」這一章，前面的數、隨、止，都是用觀的方法。觀心時，純粹是一種理觀，觀心跟圓觀都屬於理觀，而將理觀當成實行的法門。

旋轉六妙門的重點在一切法本性空寂，行持一切事相的時候，不染著於一切法。講到觀心與圓觀的時候，純粹是用觀，一心觀想的方法。

理觀的方法，在觀時大都注重於文字上的說明。在心裡要觀的時候，當然是可以應用，但是對那些文字要相當的清楚，才能用得上去。在應用此觀的時候，沒有什麼事相給你去掌握，全部都是一種理觀，比如觀這心「猶如虛空」，知道這叫觀門，虛空是無名無相。觀心的時候，「既不得所觀之心，亦不得能觀之智」，這時你在觀、還、淨的時候，能觀是這個心，所觀是境。現在則是所觀的是心，能觀的是智。這個時候，要把這觀的境界提昇到智——智慧在觀心。

心本身是被觀的對象，所以沒有所觀的心，也沒有能觀的智慧。這時，「心如虛空，無所依倚，以無著妙慧，雖不見諸法，而還通達一切諸法，分別顯示，入諸法界，無所缺減」，然後你就能「普現色身，垂形九道，入變通藏，集諸善根」，然後「迴向菩提，莊嚴佛道」，就是還門。前面所講的是能觀的心，所觀的境是空，還反觀這個內心是空，所觀的心是空，能觀的智也是空，純粹是講觀。即使數、隨、止都是用這觀法去觀，觀這個心，心已成所觀的對象。

一切法都是由心生起，所以就觀這個心，看出這心的虛幻性。在這觀的過程裡，有數、隨、止、觀、還、淨。淨的時候，不得心及諸法，更進步了；然後「了了分別一切諸法。雖分別一切法，不著一切法，成就一切法，不染一切法，以自性清淨，從本以來，不為無明惑倒之所染故」，所以心不染煩惱，煩惱不染心。「行者通達自性清淨心故，入於垢法，不為垢法所染，故名為淨。」

觀一切法本來就是清淨的，這是唯心的思想。一切眾生，本來就有佛性，佛性是清淨的。觀心的時候，不得心及諸法，能夠了了分別一切諸法，不被一切諸法所染著；不染著於它，也不被它染著。一切法自性清淨，包括心，也是自性清淨。一切法自性清淨，這只是反本還源，把這個本來清淨的東西顯現出來。這是中國佛教的思想。

比較後期的禪宗也很重視這種說法，這是如來藏的思想。我們的佛性本來就清淨，現在只是讓它恢復這個清淨而已，所以不用再修了。因為本性就清淨了，還修什麼？「不得亦不失，不垢亦不淨」，所以「本來無一物，何處惹塵埃」。六祖開悟以後，「何其自性本自清淨」，就見到這清淨的佛性。這是唯心思想，對一般人來講，比較容易了解。因為講修行，怎樣去修行？修，就是把骯髒的東西除掉，把煩惱除掉，使煩惱不染著於心。因為心本來是清淨的，把煩惱除掉，就能恢復清淨。譬如我們有顆明珠掉到糞坑裡，把它拿出來洗一下，它就乾淨了。禪宗常喜歡用這樣的比喻，這是觀心，直接從心裡去觀。在觀心的時候，重點還是放在修行的人。在觀心的時候，數、隨、止、觀、還、淨這種種內容都包含在裡面，但是最主要的部分當然是淨。因為要把這原本清淨的佛性，還有一切法，使得它們恢復清淨功能；能夠恢復的話，入於任何一個地方，都不會再汙染。

禪宗的修行如果以十牛圖來講，其中有一種是頓法、一種是漸法。漸法的十牛圖，是他畫那隻牛的時候，牛是黑的，那個牧牛人慢慢地牧牠，使牠漸漸地變白，這是漸法。牛比喻為佛性，牧牛人慢慢地把牛洗乾淨，牧到最後（第十圖），一直到黑牛變成白牛，就是圓滿的境界，也就是人牛俱忘，圖中只畫一個圓圈。

另外一種十牛圖，牛本來是白的，屬於頓法。牧牛人調伏牛、牧牛，到了第八圖是人牛俱忘；第九圖叫反本還源，回歸自然，圖中是自然的景物；第十圖是入廛垂手，那時候就是度眾生了。度眾生的時候，沒有任何度眾生的念頭；沒有眾生可度，沒有能度的人，沒有可度的眾生，也沒有度眾生的法。但是，隨順著因緣而做種種度眾生的工作。所以，那張圖裡畫一個布袋和尚，拿著一個布袋，然後有一個貧窮的小孩，他就拿東西布施給他，很自然的在行持菩薩道；也就是入於廛，回到人間，做廣度眾生工作。

有一個日本人研究了中國佛教的種種情形後，他發現一個現象，認為中國人最會用圖像來表達思想。在印度的經論裡面，從來沒有用這些東西。中國的書籍、資料裡面就有很多這些東西，譬如用一個圓代表佛性，畫一個黑的在旁邊，說這是無明，一邊是清淨、另外一邊是汙染，然後修到把汙染的化成清淨。

十牛圖在解釋如何調伏心的方法，它都是用圖像呈現。中國人很會用圖像來表達哲學與思想，敦煌的很多洞窟裡面有種種壁畫，寺廟也有很多壁畫，這些壁畫都是在教人，都是把佛法放到裡面去，所以才有變文圖。變文是佛教經典故事通俗化演講的講本，在講故事時有種種的圖像，就好像現在的教具。譬如台灣的蔡志忠，把《老子》、《莊子》的學說，用漫畫的方式畫出來，令人看了就比較容易懂。用圖像來表達是一種個性，禪宗的書籍常用這種方法，韓國與日本也受了這個影響。韓國有一個佛教宗派叫圓佛教，拜的是個圓，大概是屬於綜合性的一個系統。我們認為圓是最圓滿的，表達的是一個禪的境界，而用畫來表達內心的意境。

觀心法門是觀到一法或者自性本來清淨，只要把心性恢復清淨，反本還源後，入於任何一個地方，就可不受汙染。這種思想，《維摩詰經》表現得相當透徹。維摩詰居士什麼地方都可以去，因為他已經清淨了，所以他到任何一個地方都不會被汙染，而且還能夠把那些汙染慢慢轉成清淨；甚至魔女，他都能夠把她改變過來。無盡燈法門就是他對魔女講的，後來魔女又回到大自在天去傳無盡燈的法門，魔王也就沒辦法了。

這是要表達一種思想，這樣的思想用在理觀這部分的時候，觀心完全就是一種理論，一種觀想。我們可以說在行持這個法門的時候，這是一種哲學的意境，是一種提昇。但在行持時，如果未能證入，在事相上有時候反而成為一種藉口，因為觀心到一切圓滿具足了，便不用再去做，當下就是了。要度眾生的時候，「眾生無邊誓願度」，無邊怎麼度？自性眾生誓願度，便度了。

理觀的境界在行持的時候，很多人常常把它當作是一種避難所。不能做廣大行時，就坐在那邊觀，觀「自性眾生誓願度」。後期的佛教，進入到真常唯心的系統和密教的時候，就變成所講的都是廣大。可是行持卻先照顧自己，先即身成佛，度眾且慢慢來。當下成佛了，已經涅槃了，還度眾生做什麼？

從宗教或哲學的發展過程裡，常常發現到東方的宗教都會有這種現象出現，當下就解決了度眾生的修行，變成如果還有外在的眾生可度，那就表示落入了事相，也就不圓滿了；為了要圓滿，便來觀心。所以到最後，中國佛教跟印度佛教後期，真常唯心系統的佛教都向這條道路去。真正事相上廣度的法門，好像不能施展，因為大家都度自性眾生、都去觀心了。

在行菩薩道方面，第七章講得最好，因為有理觀和實行的貫通，而觀心與圓觀則純粹是理觀而偏唯心了。

第九圓觀六妙門

「夫圓觀者，豈得如上所說」，還要再進一步，「但觀心源，具足六妙門」，前面所講的是觀心源。「觀餘諸法，不得爾乎」，前面「觀心六妙門」只是觀心，那個本源就具足六妙門，其他的沒有，圓觀則全部都有。「行者觀一心，見一切心及一切法；觀一法，見一切法及一切心。」所以，你觀一個心就觀所有的心，更圓滿了。觀一心，自然就觀一切心，也見一切法。

「觀菩提，見一切煩惱生死，觀煩惱生死，見一切菩提涅槃。」只要觀一沙，就見一個世界了。所以，芥子能夠納須彌，一粒種子就能把整個須彌山歸納進去，成就、圓滿一切了。境界比前面還要高，行持似乎也比前面的容易得多。

「觀一佛，見一切眾生及諸佛；觀一眾生，見一切佛及一切眾生。一切皆如影現，非內非外，不一不異，十方不可思議。本性自爾，無能作者，非但於一心中，分別一切十方法界，凡、聖、色、心、諸法數量，亦能於一微塵中，通達一切十方世界，諸佛、凡、聖、色、心、數量法門，是即略說圓觀數門。」

隨、止、觀、還、淨，也是依這個樣子去觀。這個法門非常微妙，不可思議，所以

「非口所宣，非心所測，尚非諸小菩薩及一乘境界，況諸凡夫！」「若有利根大士，聞如是妙法，能信解受持，正念思惟，專精修習，當知是人，行佛行處，住佛住處，入如來室，著如來衣，坐如來座，即於此身，必定當得六根清淨，開佛知見，普現色身，成等正覺。」「初發心時，便成正覺。了達諸法真實之性，所有慧身，不由他悟。」每一個人成就佛道，就等於一切都成佛了。像我們這些小菩薩，還是老老實實做一點度眾生的工作、布施的工作，因為上述是很圓滿的境界。這裡的「非心所測」其實是圓觀，理論上的比較多，而沒有直接告訴我們如何去實踐，不像前面所講的還要行六度、還要實踐和度眾生。雖然度眾生，但無眾生可度；雖無眾生可度，卻仍然要廣做度眾生的工作。

到了觀心與圓觀時，這已是唯心和圓覺的思想，重點放在觀想的部分。此觀想部分，我們從哲學的眼光或宗教的境界來看，理論的說明的確高明。前幾章還講到相對、事理無礙、理事無礙，可是到這裡講事事無礙，全部是進入絕對的境界。所以，一就包含一切，一切就包含一，一即一切，一切即一，講得很圓滿。

理論上的表達，在哲學的境界看來是非常圓滿，但是卻沒有告訴我們實踐的方法，只告訴你如何觀想。如果認定這是最高的境界，便這樣去觀想，會發現到這只是一種思想上的東西，在平常生活裡面，可能不知道如何去應用。也許到了那境界，就不需要那些實行的部分了吧？

如果依大乘佛教的境界來講，佛進入圓頓境界的時候，根本不需要說法，因為所度的是菩薩。那時候，他自然而然能度眾生，不像我們還要有事相的眾生可度。《華嚴經》為什麼人而講？就是為登地的菩薩所講。聽說從初地到十地，每一地的菩薩見到的佛像都不一樣，因為他見到的是報身佛。

佛有兩個報身：一個是自受用的報身，一個是他受用的報身。自受用的報身是自享涅槃之樂，他受用的報身是現給菩薩看。初地菩薩所見的報身佛，跟二地所見的不一樣。二地菩薩所見的佛的身高，比一地菩薩所見的大十倍；三地、四地上去，到十地時已不知怎樣大了。要知道的話，可以讀《觀無量壽經》，裡面有講到如何去觀佛像。阿彌陀佛的佛像如何大，沒有法子去形容，就是廣大，也許進入那個境界就是這樣的一個境界。從文字上看，知道是如此。

在中國佛教，印度佛教進入了這圓頓思想以後，佛教本身反而開始沒落。大部分人都要最圓滿，天台、華嚴這些宗派慢慢地沒落。本來是後代弟子所得的資料，比前面創教的人更加有機會找到更多的資料，可是這些宗派還是沒落，因為都停頓在圓教，那純粹是一種理論。圓教已經不是可以用事相來表達，甚至都不可去測量。停頓在理論上，就忽略了前面所應該具備的條件，所以就有這種問題。

太虛大師是中國佛教之集大成者，中國佛教到了他那時，就到了一個關鍵性的轉捩點，他為中國傳統佛教的殿軍人物，之後中國佛教就趨向另一個潮流，不再停留在中國佛教的這個系統而走向世界了。太虛大師本身也認為我們要修圓融的法門，但是要修圓融的法門前，先要修的是圓漸的法門。

圓漸法門是照秩序，一步一步來做。它強調人生佛教，由人生的實踐而直達菩薩道，然後由菩薩道一步一步地修到圓滿。但是這圓滿的過程不是要頓的，不要觀想自性眾生就全部圓頓了。要怎樣？要眾生無邊誓願度，還是要做度眾生的工作。所以，圓漸法門強調佛法的實踐有程序，如此佛法才不會脫離生活。

理論學得高深，最後發覺需要落實到生活裡，佛法才真正用得上去。在日常生活應用或實踐法門時，又可以用理論來提昇境界，不會永遠停留在那邊。像布施，不能永遠停留在事相上的布施，內心的境界也要加以提昇，不染著於這個工作。實踐這工作是因緣和合了，要不停去實踐，並用理論來提昇事相的境界，用事相來表現這個理論的可行性，這樣佛法才能夠真正地用上去。不然的話，理論太玄妙，只是坐在那邊作不著邊際的觀心、圓觀，對眾生不但沒有什麼利益，能不能成就是另外一個問題。但六妙法門畢竟是完整的修行法門，有完整的修行次第，故必須有觀心與圓觀的層次，才能達到佛教的圓覺以及天台宗圓教的境界，完成哲學上圓融的意境。

第十證相六妙門

圓證六妙門有兩種證，一種是解證，一種是會證；解證是重在理解方面，會證則是體會方面。而在證相時也有兩種，一種是相似證相，一種是真實證相。前面講到證相，我是把它放在負面這邊，就是不知道那是假的，卻以為是真的，但在本章它卻不是這個意思。在這裡，相似證的意思是說，雖還沒有證到真實的境界，但是境界相似，相似於真實證相。

修禪的人，有時候會出現假相的證悟，將虛假的悟境誤以為是相似證，跟這裡的意思不太一樣。這裡所講的相似證，是還沒有證到那個境界，但已經很接近了，甚至是一個趨向了。談到相似圓證，就是《法華經》裡所謂的六根清淨。在天台果位裡面，有一個果位叫六根清淨地，之前是五品弟子位。相似證不是真正的真實證，譬如講數門，眼根清淨，其實可以講到六根清淨。所以，後面講到「餘五根亦如是」，書中有一段文字：「如《法華經》說：眼根清淨中，能一時數十方凡、聖，色、心等法數量……證相似六妙門相，餘五根亦如是！」這整段文字，就是在解釋這個相似證相。

真實圓證，還是有兩種：一種是別對，一種是通對。別對，是把六妙法門和菩薩行持階位，相對起來。這裡沒有講到，因為十信位還是外凡，不是內凡，進入了十信位才是內凡境界。十住位是數門，十行是隨門，十迴向是止門，十地是觀門，本覺是還門，妙覺是淨門。

菩薩在行持中有五十二個階位，除了這裡講的四十二個階位，還有一個十信位。十信、十住、十行、十迴向、十地，這些都是名相。如果以這修持的層次來講，一般指十信位是外凡，進入十住的初住才是內凡。十信位修完，進入初位，才能信心不退。現在信心還是會波動而進進出出，這十信位還沒有圓滿，可能是開始而已。信心不退，境界還是會退。

在通對時，有三種證，即初證、中證和究竟證。初證是初住；中證是從第二住開始，十行、十迴向、十地到等覺地；究竟證是妙覺，也就是佛地。初證和究竟證只是一個位罷了，初證就是進入初住，最後究竟圓滿覺證，圓證就是佛果，而中間的所有過程階位都屬於中證。

卷三

六妙法門

〔原文〕

六妙門大意

六妙門者，蓋是內行之根本，三乘得道之要逕。故釋迦初詣道樹，跏趺坐草，內思安般，一數、二隨、三止、四觀、五還、六淨，因此萬行開發，降魔成道。當知佛為物軌，示跡若斯，三乘正士，豈不同遊此路？

所言六者，即是數法，約數明禪，故言六也。如佛或約一數辯禪，所謂一行三昧；或約二數，謂一止、二觀；或約三數，謂三三昧；或約四數，所謂四禪；或約五數，謂五門禪；或約六數，謂六妙門；或約七數，謂七依定；或約八數，謂八背捨；或約九數，謂九次第定；或約十數，謂十禪支；如是等，乃至百千萬億阿僧祇不可說諸三昧門，悉是約數說諸禪也。雖數有多少，窮其法相，莫不悉相收攝，以眾生機悟不同故，有增減之數，分別利物。今言六者，即是約數法而標章也。

妙者，其意乃多，若論正意，即是滅諦涅槃，故滅四行中，言滅止妙離。涅槃非斷非常，有而難契，無而易得，故言妙也。

六法能通，故名為門。門雖有六，會妙不殊。故經言：「泥洹真法寶，眾生從種種門入。」此則通釋六妙門之大意也。六妙門大意有十：

第一歷別對諸禪六妙門
第二次第相生六妙門
第三隨便宜六妙門
第四隨對治六妙門
第五相攝六妙門
第六通別六妙門
第七旋轉六妙門
第八觀心六妙門
第九圓觀六妙門
第十證相六妙門

第一歷別對諸禪六妙門

即為六意：

一者依數為妙門：行者因數息故，即能出生四禪、四無量心、四無色定。若於最後非非想定，能覺知非是涅槃，是人必定得三乘道。何以故？此定陰、界、入，和合故有，虛誑不實，雖無麁（粗）煩惱，而亦成就十種細煩惱，知已破折，不住不著，心得解脫，即證三乘涅槃故。此義如須跋陀羅，佛教斷非非想處惑，即便獲得阿羅漢果。數為妙門，意在於此也。

二者隨為妙門者：行者因隨息故，即能出生十六特勝。所謂一知息入，二知息出，三知息長短，四知息遍身，五除諸身行，六心爰喜，七心受樂，八受諸心行，九心作喜，十心作攝，十一心作解脫，十二觀無常，十三觀出散，十四觀離欲，十五觀滅，十六觀棄捨。云何觀棄捨？此觀破非想處惑。所以者何？凡夫修非想時，觀有常處如癰、如瘡，觀無想處如癡也。第一妙定，名曰「非想」，作是念已，即棄捨有想、無想，名「非有想非無想」，故知非想即是兩捨之義。今佛弟子觀行破折，義如前說。是故深觀棄捨，不著非想，能得涅槃。隨為妙門，意在此也。

三者止為妙門者：行者因止心故，即便次第發五輪禪。一者地輪三昧，即未到地。二者水輪三昧，即是種種諸禪定善根發也。三者虛空輪三昧，即五方便人，覺因緣無性如虛空。四者金沙輪三昧，即是見思解脫，無著正慧，如金沙也。五者金剛輪三昧，即是第九無礙道，能斷三界結使，永盡無餘，證盡智、無生智，入涅槃。止為妙門，意在此也。

四者觀為妙門者：行者因修觀故，即能出生九想、八念、十想、八背捨、八勝處、十一切處、九次第定、師子奮迅三昧、超越三昧、練禪、十四變化心、三明、六通及八解脫，得滅受想，即入涅槃。觀為妙門，意在此也。

五者還為妙門者：行者若用慧行，善巧破折，反本還源，是時即便出生空無想無作、三十七品、四諦、十二因緣、中道正觀，因此得入涅槃。還為妙門，意在此也。

六者淨為妙門者：行者若能體識一切諸法本性清淨，即便獲得自性禪也。得此禪故，二乘之人，定證涅槃。若是菩薩，入鐵輪位，具十信心，修行不止，即便出生九種大禪。所謂：自性禪、一切禪、難禪、一切門禪、善人禪、一切行禪、除惱禪、此世他世樂禪、清淨禪。菩薩依是禪故，得大菩提果！已得、今得、當得。淨為妙門，意在此也。

第二次第相生六妙門

次第相生，入道之階梯也。若於欲界中，巧行六法，第六淨心成就，即發三乘無漏，況復具足諸禪三昧！此即與前有異，所以者何？如數有二種：一者修數，二者證數。修數者：行者調和氣息，不澀不滑，安詳徐數，從一至十，攝心在數，不令馳散，是名修數。

證數者：覺心任運，從一至十，不加功力，心住息緣，覺息虛微，心相漸細，患數為麁，意不欲數。爾時，行者應當放數修隨。

隨亦有二：一者修隨，二者證隨。修隨者：捨前數法，一心依隨息之出入。攝心緣息，知息入出，心住息緣，無分散意，是名修隨。

證隨者：心既微細，安靜不亂，覺息長短，遍身入出，心息任運相依，意慮恬然凝靜，覺隨為麁，心厭欲捨，如人疲極欲眠，不樂眾務。爾時，行者應當捨隨修止。

止亦有二：一者修止，二者證止。修止者：息諸緣慮，不念數、隨，凝寂其心，是名修止。

證止者：覺身心泯然入定，不見內外相貌，定法持心，任運不動。行者！是時即作是念：「今此三昧，雖復無為寂靜，安隱快樂而無慧方便，不能破壞生死！」復作是念：「今此定者，皆屬因緣，陰、界、入法，和合而有，虛誑不實，我今不見不覺，應須照了。」作是念已，即不著止，起觀分別。

觀亦有二：一者修觀，二者證觀。修觀者：於定心中，以慧分別。觀於微細出入息相，如空中風；皮肉筋骨，三十六物，如芭蕉不實；心識無常，剎那不住，無有我人，身受心法，皆無自性，不得人法，定何所依？是名修觀。

證觀者：如是觀時，覺息出入遍諸毛孔，心眼開明，徹見三十六物，及諸虫戶，內外不淨，剎那變易，心生悲喜，得四念處，破四顛倒，是名證觀。觀相既發，心緣觀境，分別破折，覺念流動，非真實道，爾時應當捨觀修還。

還亦有二：一者修還，二者證還。修還者：既知觀從心生，若從折境，此即不會本源。應當反觀觀心：此觀心者，從何而生？為從觀心生？為從非觀心生？若從觀心生，即已有觀，今實不爾，所以者何？數、隨、止等三法中，未有即觀故。若從不觀心生，不觀心為滅生，為不滅生？若不滅生，即二心並，若滅法生，滅法已謝，不能生觀。若言：亦滅亦不滅生，乃至非滅非不滅生，皆不可得。當知觀心本自不生，不生故不有，不有故即空，空故無觀心。若無觀心，豈有觀境？境智雙亡，還源之要也。是名修還相。

證還相者，心慧開發，不加功力，任運自能破折，反本還源，是名證還。行者當知：若離境智，欲歸無境智，不離境智縛，以隨二邊故，爾時當捨還門，安心淨道。

淨亦有二：一者修淨，二者證淨。修淨者：知色淨故，不起妄想分別，受想行識，亦復如是！息妄想垢，是名修淨。息分別垢，是名修淨。息取我垢，是名修淨。舉要言之：若能心如本淨，是名修淨。亦不得能修、所修及淨、不淨，是名修淨。

證淨者：如是修時，豁然心慧相應，無礙方便，任運開發，三昧正受，心無依恃。證淨有二：一者相似證，五方便相似無漏道慧發。二者真實證，苦法忍乃至第九無礙道等，真無漏慧發也，三界垢盡，故名證淨。

復次：觀眾生空故名為觀，觀實法空故名為還，觀平等空故名為淨。復次：空三昧相應故名為觀，無相三昧相應故名為還，無作三昧相應故名為淨。復次：一切外觀名為觀，一切內觀名為還，一切非內非外觀名為淨。故先尼梵志言：非內觀故得是智慧，非外觀故得是智慧，非內外觀故得是智慧，亦不無觀故得是智慧也。

第三隨便宜六妙門

夫行者欲得深禪定智慧，乃至實相涅槃，初學安心，必須善巧。云何善巧？當於六妙門法，悉知悉覺，調伏其心，隨心所便，可以常用。所以者何？若心不便，修治即無益！

是故初坐時，當識調心學數，次當學隨，復當學心（止）、觀、還等，各各經數日。學已，復更從數、隨，乃至還、淨，安心修習，復各經數日。如是數反，行者即應自知心所便宜。若心便數，當以數法安心，乃至淨亦如是；隨便而用，不簡次第。如是安心時，若覺身安息調，心靜開明，始終安固，當專用此法，必有深利。若有妨生，心散暗塞，當更隨便轉用餘門，安即為善，可以長軌，是則略明初學善巧安心六妙門。是知便宜用心大意。

復次：行者心若安穩，必有所證！云何為證？所謂得持身及麁住、細住，欲界未到地、初禪等種種諸禪定。得諸定已，若心住不進，當隨定深淺，修六妙門開發。云何名淺定不進，修六門令進？如行者初得持身法，及麁、細住法，經於日月而不增進，爾時應當細心修數；數若不進，復當修隨；隨若不進，當細凝心修止；止若不進，當定中觀陰、入、界法；觀若不進，當還，更反檢心源；還若不進，當寂然體淨。用此六法，若偏於一法增進之時，當即善修之。既漸進入深禪定，便過數境。數相既謝，進發隨禪。於此定中，若不境進，當善修隨、止、觀、還、淨等五法。定進漸深，隨境已度。若發止禪，禪若不進，當善修止及觀、還、淨等四法。止定進漸深，觀心開發。雖有止法，知從緣生，無有自性，止相已謝。若觀禪不進，當更善巧修觀及還、淨等三法。觀禪既進，進已若謝，轉入深定，慧解開發；唯覺自心所有法相，知觀虛誑不實，亦在妄情，如夢中所見，知已不受，還反照心源。還禪經久，又不進，當復更善反觀心源，及體淨當寂；還禪既進，進已若謝，便發淨禪。此禪念相觀已除，言語法皆滅，無量眾罪除，清淨心常一，是名淨禪。淨若不進，當善卻垢心，體真寂虛，心如虛空，無所依倚。爾時，淨禪漸深寂，豁然明朗，發真無漏，證三乘道。此則略說六妙門隨便宜而用，增長諸禪功德、智慧，乃至入涅槃也。

復次：行者於其中間，若有內、外障起，欲除卻者，亦當於六門中，隨取一法，一一試用卻之。若得差者，即為藥也。治禪障及禪中魔事病患，功用六門，悉得差也。上來所說，其意難見，行者若用此法門，當善思推（惟）取意，勿妄行也。

第四對治六妙門

三乘行者，修道會真，悉是除障顯理，無所造作。所以者何？二乘之人，四住惑除，名得聖果，更無別法。菩薩大士，破塵沙無明，障盡故，菩提理顯，亦不異修。此而惟（推）之，若能巧用六門對治，破內、外障，即是修道，即是得道，更無別道。云何功用六門對治？行者應當知病識藥。云何知病？所謂三障：一者報障，即是今世不善，麁動散亂，障界入也。二者煩惱障：即三毒、十使等諸煩惱也。三者業障：即是過去、現在所起障道惡業，於未受報中間，能障聖道也。

行者於坐禪中，此三障發，當善識其相，用此法門對治除滅。云何坐中知報障起相？云何對治等？分別覺觀心，散動、攀緣諸境，無暫停住故，名報障起。浮動明利，攀緣諸境，心散縱橫，如猿猴得樹，難可制錄。爾時，行者應用數門，調心數息，當知即真對治也。故佛言：「覺觀多者，教令數息。」二者：於坐禪中，或時其心亦昏亦散。昏即無記心，暗即睡眠，散即心浮越逸，爾時，行者當用隨門，善調心、隨息，明照入出，心依息緣，無分散意，照息出入，治無記昏睡。心依於息，治覺觀攀緣。三者：於坐禪中，若覺身心急氣，麁心散流動，爾時，行者當用止門，寬身放息，制心凝寂，止諸憶慮，此為治也。

復次：云何煩惱障起？云何對治？煩惱有三種：一者於坐禪中，貪欲煩惱障起。爾時，行者當用觀心門中：九想、初背捨、二勝處，諸不淨門，為對治也。二者：於坐禪中，瞋恚煩惱障起，爾時，行者當用觀心門中；慈、悲、喜、捨等為對治也。三者：於坐禪中，愚癡、邪見煩惱障起，爾時，行者當用還門，反照十二因緣、三空道品，破折心源，還歸本性，此為治也。

復次：云何對治障道業起？業即三種，治法亦三。一者：於坐禪中，忽然垢心昏暗，迷失境界，當知黑暗業障起。爾時，行者當用淨門中，念「方便淨應身三十二相」清淨光明為對治也。二者：於坐禪中，忽然惡念，思惟貪欲，無惡不造，當亦是過去罪業所之作也。爾時，行者當用淨門中，念「報佛一切種智圓淨」常樂功德為對治也。三者：於坐禪中，若有種種諸惡境界相現，乃至逼迫身心，當知悉是過去、今世所造惡業障發也。爾時，行者當用淨門中，念「法身本淨、不生不滅、本性清淨」為對治也。此則略說六門對治、斷除三障之相，廣說不異十五種障也。

復次：行者於坐禪中，若發諸餘禪深定，智慧解脫，有種種障起，當於六門中善巧用對治法也。麁、細障法既除，真如實相自顯，三明六通自發，十力、四無所畏，一切諸佛菩薩功德、行願，自然現前，不由造作。故經云：「又見諸如來，自然成佛道。」

第五相攝六妙門

夫六妙門相攝，近論則有二種，遠尋則有多途。何等為二？一者：六門自體相攝。二者：巧修六門出生勝進相攝。云何名自體相攝？行者修六門時，於一數息中，任運自攝隨、止、觀、還、淨等五法。所以者何？如行者善調心、數息之時，即體是數門；心依隨息而數故，即攝隨門；息諸攀緣，制心在數故，即攝止門；分別知心數法，及息了了分明故，即攝觀門；若心動散，攀緣五欲，悉是虛誑，心不受著，緣心還歸數息故，即攝還門；攝數息時，無有五蓋及諸麁煩惱垢，身心寂然，即攝淨門。當知於數息中，即有六門；隨、止、觀、還、淨等，一一皆攝六門，此則六六三十六妙門。上來雖復種種運用不同，悉有今意，若不分別，行人不知。此則略說六妙門自體相攝，一中具六相也。

復次：云何名巧修六妙門出生勝進相攝相？行者於初調心、數息，從一至十，心不分散，是名數門。當數息時，靜心善巧，既知息初入，中間經遊至處，乃至入已還出亦如是；心悉覺知，依隨不亂，亦成就數法，從一至十，是則數中成就隨門。復次：行者當數息時，細心善巧，制心緣數法及息，不令細微覺觀得起，剎那異念，分別不生，是則於數中成就止門。復次：行者當數息時，成就息念巧慧方便，用靜鑒之心，照息生滅，兼知身分，剎那思想，陰、入、界法，如雲如影，空無自性，不得人法，是時於數息中，成就息念巧慧觀門。復次：行者當數息時，非但成就觀智，識前法虛假，亦復善巧覺了觀照之心，無有自性，虛誑不實，離知覺想，是則於數息中成就還門。復次：行者當數息時，非但不得所觀能觀，以慧方便，亦不得無能觀所觀，以本淨法性，如虛空不可分別故。爾時，行者心同法性，寂然不動，是則於數息中成就淨門。以五門莊嚴數息，隨、止、觀、還、淨，皆亦如是，今不別說。此則六六三十六，亦名三十六妙門。行者若能如是善巧修習六妙門者，當知必得種種諸深禪定智慧，入三乘涅槃也。

第六通別六妙門

所以言通別六門者：凡夫、外道、二乘、菩薩，通觀數息一法，而解慧不同；是故證涅槃殊別，隨、止、觀、還、淨，亦復如是。所以者何？凡夫鈍根行者，當數息時，唯知從一至十，令心安定，欲望此入禪，受諸快樂，是名於數息中而起魔業，以貪生死故。

復次：如諸利根外道，見心猛盛，見因緣故，當數息時，非但調心、數息，從一至十，欲求禪定，亦能分別現在有息、無息，亦有亦無，非有非無：過去息如去不如去，亦如去亦不如去，非如去非不如去；未有息有邊、無邊，亦有邊亦無邊，非有邊非無邊；現在息有常耶？無常耶？亦常亦無常耶？非常非無常耶？及心亦爾！隨心所見，計以為實，謂他所說悉為妄語。是人不了息相，隨妄見生分別，即是數息戲論，四邊火燒，生煩惱處，長夜貪著邪見，造諸邪行，斷滅善根，不曾（會）無生，心行理外，故名外道。如是二人，鈍利雖殊，三界生死，輪迴無別。

復次：云何名為聲聞數息相？行者欲速出三界，自求涅槃故，修數息以調其心，爾時，於數息中不離四諦正觀。云何於數息中觀四真諦？行者知息依身，身依心，三事和合，名陰、界、入。陰、界、入者，即是苦也。若人貪著陰、界、入法，乃至隨逐見心，分別陰、界、入法，即名為集。若能達息真性，即能知苦無生，不起四受，四行不生，即鈍使、利使，諸煩惱結，寂然不起，故名為滅。知苦正慧，能通理無壅，故名為道。若能如是數息，通達四諦，當知是人，必定得聲聞道！畢故不造新。

復次：云何於數息中入緣覺道？行者求自然慧，樂獨善寂，深知諸法因緣，當數息時，即知數息之念，即是有支；有緣取，取緣愛，愛緣受，受緣觸，觸緣六入，六入緣名色，名色緣識，識緣行，行緣無明。復觀此息念之有，名善有為業，有善因緣，必定能感未來世人天受，受因緣故，必有老死憂悲苦惱！三世因緣，生死無際，輪轉不息，本無有生，亦無有死，不善思惟，心行所造。若知無明體性，本自不有；妄想因緣，和合而生；無所有故，假名無明；無明尚爾，亦不可得！當知行等諸因緣法，皆無根本；既無行等因緣，豈有今之數息之實？爾時，行者深知數息屬因緣，空無自性，不受不著，不念不分別，心如虛空，寂然不動，豁然無漏心生，成緣覺道。

復次：云何名為菩薩數息相？行者為求一切智、佛智、自然智、無師智、如來知見力、無所畏，愍念安樂無量眾生，故修數息，欲因此法門入一切種智。所以者何？如經中說：「阿那般那，三世諸佛入道之初門！」

是故新發心菩薩，欲求佛道，應先調心數息；當數息時，知息非息，猶如幻化，是故息非是生死，亦非是涅槃。爾時，於數息中，不得生死可斷，不得涅槃可入，是故不住生死，既無二十五有繫縛，不證涅槃，則不墮聲聞、辟支佛地，以平等大慧，即無取捨心，入息中道，名見佛性，得無生忍，住大涅槃，常樂我淨。

故經云：「譬如大水，能突蕩一切，唯除楊柳，以其軟故；生死大水，亦復如是！能漂沒一切凡夫之人，唯除菩薩住於大乘大般涅槃，心柔軟故！」是名大乘行者於數息中入菩薩位。此則略說數息妙門，凡、聖，大、小乘通別之相。數息雖通，須解殊別之相，當知數息雖同共修，隨其果報差降，餘隨、止、觀、還、淨，一一妙門，凡、聖，大、小乘通別，亦復如是。

第七旋轉六妙門

上來所說六妙門，悉是共行，與凡夫二乘共故。今此旋轉六妙門者，唯獨菩薩所行，不與聲聞、緣覺共，況諸凡夫！所以者何？前第六通別妙門觀中說：「名從假入空觀，得慧眼一切智，慧眼一切智是二乘菩薩共法。今明從空出假旋轉六妙門，即是法眼道種智，法眼道種智，不與聲聞、辟支佛共。」云何菩薩於數息道中，修從空出假觀，起旋轉出一切諸行功德相？所謂菩薩行者，當數息時，當發大誓願，憐愍眾生；雖知眾生畢竟空，而欲成就眾生，淨佛國土，盡未來際。作是願已，即當了所數息，不生不滅，其性空寂；即息是空，非息滅空，息性自空，息即是空，空即是息；離空無息，離息無空，一切諸法，亦復如是！息空故，非真非假，非世間非出世間，求息不得息與非息，而亦成就息念。其所成就息念，如夢如幻，如響如化，雖無實事可得，而亦分別幻化所作事。菩薩了息，亦復如是！雖無息性可得，而亦成就息念，從一至十，了了分明。深心分別如幻息相，以有無性如幻息故，即有無性世間、出世間法。所以者何？無明顛倒，不知息性空故，妄計有息，即生人、法、執著、愛見諸行，故名世間。因有息故，即有陰、界、入等世間苦樂之果。當知息雖空，亦能成辦一切世間善惡因果，二十五有諸生死事。

復次：息相空中，雖無出世間相，而非不因息分別出世間法。所以者何？不知息相空故，即無明不了，造世間業。知息空無所有故，即無無明妄執，一切諸結煩惱無所從生，是名出世間因。因滅故，得離後世、世間二十五有等果，名出世間果。能出世間顛倒因果法故，是名出世間法。於出世間真正法中，亦有因果。因者，知息空正智慧，為出世間因，妄計息中人、我、無明、顛倒及苦果滅故，名為出世間果。故知菩薩觀息非息，雖不得世間、出世間，亦能分別世間及出世間。

復次：菩薩觀息性空時，不得四諦，而亦通達四諦。所以者何？如上所說世間果者，即是苦諦；世間因者，即是集諦；出世間果者，即是滅諦；出世間因者，即是道諦。故觀於息想，不見四諦，而能了了分別四諦，為聲聞、眾生廣演分別。

復次：菩薩了息空中，不見十二因緣，而亦通達十二因緣。所以者何？過去息性空無所有，妄見有息，而生種種顛倒分別，起諸煩惱，故名無明。無明因緣，則有行、識、名色、六入、觸、受、愛、取、有、生、老、死，憂悲苦惱等，輪轉不息！皆由不了息如虛空，無所有故。若知息空寂，即破無明，無明滅故，則十二因緣皆滅。菩薩如是了息非息，雖不得十二因緣，亦能了了通達十二因緣，為求緣覺乘人廣演分別。

復次：菩薩了息無性，爾時尚不見有息，何況於息道中，見有六蔽及六度法；雖於息性中，不見〔六〕蔽及六度法，而亦了了通達六蔽、六度。所以者何？行者當數息時，即自了知，若於非息之中而見息者，是必定成就慳貪蔽法。慳有四種：一者慳惜財物，見息中有我，為我生慳故。二者慳身，於息中起身見故。三者慳命，於息中不了，計有命故。四者惱（慳）法，於息中不了，即起見執法心生故。行者！為破壞如是慳蔽惡法故，修四種檀波羅蜜。一者知息空非我，離息亦無我；既不得我，聚諸財物，何所資給？爾時慳財之心，即便之心，即便自息！捨諸珍寶，如棄涕唾。當知了達息性，即是財施檀波羅蜜。

復次：菩薩知無身性，息等諸法不名為身，離息等法亦無別身，爾時知身非身，即破慳身之執。既不慳於身，即能以身為奴僕給使，如法施與前人。當知了知息非息，即能具成就捨身檀波羅蜜。

復次：行者若能了息性空，不見即息是命，離息有命。既不得命，破性（慳）命心，爾時即能捨命，給施眾生，心無驚畏。當知了達息空，即能具足捨命檀波羅蜜。

復次：行者若達息空，即不見陰、入、界等諸法，亦不見世間、出世間種種法相。為破眾生種種橫計，迷執諸法、輪迴六趣，故有所說，而實無說、無示。以聽者無聞、無得故，是時雖行法施，不執法施；無恩於彼，而利一切。譬如大地虛空，日月利益世間，而無心於物，不求恩報。菩薩達息性空，行平等法施檀波羅蜜，利益眾生，亦復如是！

當知菩薩知息性空，不得慳度，而能了了分別慳度，以不可得故，知息性空，具足尸羅、羼提、毘梨耶、禪那、般若波羅蜜，亦復如是！是中應一一廣旋轉諸波羅蜜相，為求佛道善男子、善女人，開示分別，是即略說，於數息門中，修旋轉陀羅尼菩薩所行無礙方便！菩薩若入是門，直說數息、調心，窮劫不盡，況復於隨、止、觀、還、淨等，種種諸禪，智慧、神通、四辯、力、無所畏，諸地行願，一切種智，無盡一切功德，旋轉分別而可盡乎！

第八觀心六妙門

觀心六妙門者：此為大根性行人，善識法惡，不由次第，懸照諸法之源。何等為諸法之源？所謂眾生心也，一切萬法由心而起，若能反觀心性，不可得心源，即知萬法皆無根本。約此觀心，說六妙門，非如前也。所以者何？如行者初學觀心時，知一切世間、出世間諸數量法，皆悉從心出，離心之外，更無一法，是則數一切法，皆悉約心故數，當知心者即是數門。

復次：行者當觀心時，知一切數量之法，悉隨心王；若無心王，即無心數。心王動故，心數亦動。譬如百官臣民，悉皆隨順大王，一切諸數量法，依隨心王，亦復如是！如是觀時，即知心是隨門。

復次：行者當觀心時，知心性常寂，即諸法亦寂；寂故不念，不念故，即不動；不動故，名止也。當知心者即是止門。

復次：行者當觀心時，覺了心性，猶如虛空，無名無相，一切語言道斷，開無明藏，見真實性，於一切諸法，得無著慧。當知心者即是觀門。

復次：行者當觀心時，既不得所觀之心，亦不得能觀之智，爾時，心如虛空，無所依倚，以無著妙慧，雖不見諸法，而還通達一切諸法，分別顯示，入諸法界，無所缺減，普現色身，垂形九道，入變通藏，集諸善根，迴向菩提，莊嚴佛道。當知心者即是還門。

復次：行者當觀心時，雖不得心及諸法，而能了了分別一切諸法。雖分別一切法，不著一切法，成就一切法，不染一切法，以自性清淨，從本以來，不為無明惑倒之所染故。故經云：「心不染煩惱，煩惱不染心。」行者通達自性清淨心故，入於垢法，不為垢法所染，故名為淨。當知心者即是淨門。

如是六門，不由次第，直觀心性，即便具足也。

第九圓觀六妙門

夫圓觀者，豈得如上所說，但觀心源，具足六妙門，觀餘諸法，不得爾乎？

今行者觀一心，見一切心及一切法；觀一法，見一切法及一切心。觀菩提，見一切煩惱生死，觀煩惱生死，見一切菩提涅槃。觀一佛，見一切眾生及諸佛；觀一眾生，見一切佛及一切眾生。一切皆如影現，非內非外，不一不異，十方不可思議。本性自爾，無能作者。非但於一心中，分別一切十方法界，凡、聖、色、心、諸法數量，亦能於一微塵中，通達一切十方世界，諸佛、凡、聖、色、心、數量法門，是即略說圓觀數門。

隨、止、觀、還、淨等，一一皆亦如是。是數微妙不可思議！非口所宣，非心所測，尚非諸小菩薩及一乘境界，況諸凡夫！若有利根大士，聞如是無（妙）法，能信解受持，正念思惟，專精修習，當知是人，行佛行處，住佛住處，入如來室，著如來衣，坐如來座，即於此身，必定當得六根清淨，開佛知見，普現色身，成等正覺。故《華嚴經》云：「初發心時，便成正覺。」了達諸法真實之性，所有慧身，不由他悟。

第十證相六妙門

前九種六妙門，皆修因之相，義兼證果，說不具足，今當更分別六妙門證相。六門有四種：一者次第證，二者互證，三者旋轉證，四者圓頓證。云何次第證？如上「第一歷別對諸禪門」及「次第相生六妙門」中，已略說次第證相，細尋自知，今不別說。

第二互證：此約「第三隨便宜」、「第四對治」、「第五相攝」、「第六通觀（別）」，四種妙門中論證相。所以者何？此四種妙門，修行方便，無定次第，故證亦復迴互不定。如行者當數息時，發十六觸等諸暗證，隱沒無記有垢等法，此禪即是數息證相之體，而今不定，或有行者於數息中，見身毛孔虛疎，徹見三十六物，當知於數息中證於隨門。

復有：行者於數息中，證空靜定，以覺身心寂然，無所緣念。入此定時，雖復淺深有殊，而皆是空寂之相，當知於數息中，證止門禪定也。

復次：行者當數息時，內外死屍不淨，膖脹爛壞，及白骨光明等，定心安隱，當知於數息中，證觀門禪也。

復次：行者當數息時，發空無相智慧，三十七品、四諦、十二因緣等，巧慧方便，思覺心起，破折諸法，反本還源，當知於數息中，證還門禪也。

復次：行者或於數息之時，身心寂然，不得諸法，妄垢不生，分別不起，心想寂然，明識法相，無所依倚，當知於數息中，證淨門禪也。此則略說於數息中，互發六門禪相，前後不定，未必悉如今說。餘隨、止、觀、還、淨，一一互證諸禪相，亦如是！

所以有此互證諸禪者：意有二種，一者修諸禪時互修故，發亦隨互，意如前四種修六妙門相。二者宿世業緣善根發，是故互發不定，義如坐禪內方便「驗善惡根性」中廣說。

第三：云何名證旋轉六妙門相？此的依「第七旋轉」修故發。所謂證相者，即有二種，一者證旋轉解，二者證旋轉行。云何名為證旋轉解發相？行者於數息中，巧慧旋轉修習故。爾時，或證深禪定，或證淺定，於此等定中，豁然心慧開發，旋轉覺識，解真無礙，不由心念，任運旋轉覺識法門。旋轉有二種：一者總相旋轉解，二者別相。總相復有二種：一者解真總相，二者解俗總相。別相復有二種：一者解真別相，二者解俗別相。於一總相法中，旋轉解一切法，別相亦爾。

云何名為證旋轉行相？行者如所解，心不違言，心口相應，法門現前。心行堅固，任運增長，不由念力，諸善功德自生，諸惡自息。總相、別相，皆如上說。但有相應之異，入諸法門境界，顯現之殊故。今則略出證旋轉行，如一數門，具二種證旋轉故，餘隨、止、觀、還、淨，亦如是！略說不具足者，自善思惟，取意廣對諸法門也。

證旋轉六妙門者，即是得旋陀羅尼門也。是名無礙辯才，巧慧方便。遮諸惡，令不得起；持諸功德，令不漏失。任是法門，必定不久入菩薩位，成就阿耨多羅三藐三菩提也。

第四：云何名為圓證六妙門？行者因「第八觀心」、「第九圓觀」二種六妙門為方便，是觀成時，即便發圓證也。證有二種：一者解證，無礙巧慧，不由心念，自然圓證，識法界故，名解證。二者會證，妙慧朗然開發，明照法界，通達無礙也。證相有二種：一者相似證相，如《法華經》中，明六根清淨相。二者真實證相，如《華嚴經》中，明初發心圓滿功德智慧相也。

云何名相似圓證為六妙門？如《法華經》說：眼根清淨中，能一時數十方凡、聖，色、心等法數量，故名數門。一切色法隨順於眼根，眼不違色法，共相隨順，故名隨門。如是見時，眼根、識寂然不動，故名止門。不以二相見諸佛國，通達無礙，善巧分別，照了法性，故名觀門。還於眼根境界中，通達耳、鼻、舌、身、意等諸根境界，悉明了無礙，不一、不異相故，故名還門。

復次：見己眼根境界，還於十方凡、聖眼界中現，故亦名為還門。雖了了通達，見如是事，而不起妄想分別，知本性常淨，無可染法，不住不著，不起法愛，故名淨門。此則略說於眼根清淨中，證相似六妙門相，餘五根亦如是！廣說如《法華經》明也。

云何名真實圓證六妙門？有二種：一者別對，二通對。別對者：十住為數門，十行為隨門，十迴向為止門，十地所（為）觀門，等覺為還門，妙覺為淨門。二通對者：有三種證，一者初證，二者中證，三者究竟證。

初證者：有菩薩入阿字門，亦名初發心住，得真無生法忍慧。爾時，能於一念心中，數不可說微塵世界，諸佛菩薩、聲聞、緣覺諸心行及數無量法門，故名數門。能一念心中，隨順法界所有事業，故名隨門。能一念心中，入百千三昧及一切三昧，虛妄及習俱止息，故名為止門。能一念心中，覺了一切法相，具足種種觀智慧，故名觀門。能一念心中，通達諸法，了了分明，神通轉變，調伏眾生，反本還源，故名還門。能一念心中，成就如上所說事，而心無染著，不為諸法之所染汙故，亦能淨佛國土，令眾生入三乘淨道，故名淨門。初心菩薩入是法門，如經所說，亦名為佛也。已得般若正慧，聞如來藏，顯真法身，具首楞嚴，明見佛性，住大涅槃，入「法華三昧」不思議一實境界也。廣說如《華嚴經》中所明，是為初地（住）證不可思議真實六妙門也。

中證者：餘九住、十行、十迴向、十地、等覺地，皆名中證不可思議真實六妙門也。

云何名究竟圓證六妙門？後心菩薩，入荼字門，得一念相應慧，妙覺現前，窮照法界，於六種法門，究竟通達，功用普備，無所缺減，即是究竟圓滿六妙門也。

分別數、隨、止、觀、還、淨諸法門證相，意不異前，但有圓極之殊！故《瓔珞經》云：「三賢十聖忍中行，唯佛一人能盡源。」《法華經》言：「唯佛與佛，乃能究盡諸法實相。」此約修行教道，作如是說。以理而為論法界圓通，諸佛菩薩所證法門，始終不二！故《大品經》言：「初阿、後荼，其意無別！」《涅槃經》言：「發心畢竟二不別，如是二心先心難。」《華嚴經》言：「從初地，悉具一切諸地功德。」《法華經》言：「如是本末究竟等。」

卷四

六妙門析論

六妙法門淺說

一、《六妙門》緒說

《六妙門》是天台智者大師的四部止觀❶之一，因為其「文兼事理及有漏，修法不同」❷，故亦稱為「不定止觀」，是智者大師在瓦官寺，受陳尚書令毛喜之請而說的。文只一卷，收在《大正藏》第四十六冊五四九頁至五五五頁。（下文若引用本文之文字者，當於此頁數內，不一一另行註明出處）

所謂六妙法門，就是六種修持禪定之法門，即是：(1)數，(2)隨，(3)止，(4)觀，(5)還，(6)淨。其修持方法，在本文第二章「次第相生六妙門」中，有相當詳細的說明❸：

(1)數：行者調和氣息，不澀不滑，安詳徐數，從一至十，攝心在數，不令馳散，是名修數。

(2)隨：捨前數法，一心依隨息之出入，攝心緣息，知息入出，心住息緣，無分散意，是名修隨。

(3)止：息諸緣慮，不念數隨，凝寂其心，是名修止。

(4)觀：於定心中，以惠（慧）分別，觀於微細出入息相，如空中風，皮肉筋骨，三十六物，如芭蕉不實，心識無常，剎那不住，無有我人，身受心法，皆無自性，不得人法，定何所依？是名修觀。

(5)還：既知觀從心生，若從折境，此即不會本源。應當反觀觀心，此觀心者，從何而生？為從觀心生，為從非觀心生？……當知觀心本自不生，不生故不有，不有故即空，空故無觀心。若無觀心，豈有觀境，境智雙亡，還源之要也，是名修還相。

(6)淨：知色淨故，不起妄想分別，受想行識，亦復如是。息妄想垢……息分別垢……息取我垢，皆是名修淨。舉要言之，若能心如本淨，是名修淨，亦不得能修所修及淨不淨，是名修淨。

由此六種法門之修持，可通往涅槃之道，這就是此六法門稱為「妙」之義。文中說：「妙者，其意乃多，若論正意，即是滅諦涅槃，故滅四行中，言滅止妙離。涅槃非斷非常，有而難契，無而易得，故言妙也。」

此六法門亦是「內行之根本，三乘得道之要逕」，這是安般（息門）的修持法之一種❹。文中說：「故釋迦……內思安般，一數、二隨……因此萬行開發，降魔成道。」在《釋禪波羅蜜》中，將此六妙法門列為「亦有漏亦無漏禪」，因「此六門中，數、隨、止是入定方便，觀、還、淨是慧方便。定愛慧策：愛故說有漏，策故說無漏。」❺

但在本文第一章「歷別對諸禪六妙門」中，智者大師又幾乎將所有的禪定法門都歸納在六妙法門中：

(1)數門：「行者因數息故，即能出生四禪、四無量心、四無色定」，但若只是出生這些禪定，並非妙門，必須要「若於最後非非想定，能覺知非是涅槃，是人必定得三乘道」，證阿羅漢果位。

(2)隨門：「行者因隨息故，即能出生十六特勝。所謂一知息入，二知息出，三知息長短，四知息遍身，五除諸身行，六心受喜，七心受樂，八受諸心行，九心作喜，十心作攝，十一心作解脫，十二觀無常，十三觀出散，十四觀離欲，十五觀滅，十六觀棄捨。」然後「觀行破折」，「深觀棄捨，不著非想，能得涅槃」。

(3)止門：「行者因止心故，即便次第發五輪禪。一地輪三昧，即未到地。二者水輪三昧，即是種種諸禪定善根發也。三者虛空輪三昧，即五方便人，覺因緣無性如虛空。四者金沙輪三昧，即是見思解脫，無著正慧，如金沙也。五者金剛輪三昧，即是第九無礙道，能斷三界結使，永盡無餘，證盡智、無生智，入涅槃。」

(4)觀門：「行者因修觀故，即能出生九想、八念、十想、八背捨、八勝處、十一切處、九次第定、師子奮迅三昧、超越三昧、練禪、十四變化心、三明、六通及八解脫，得滅受想，即入涅槃。」

(5)還門：「行者若用慧行，善巧破折，反本還源，是時即便出生空無想無作（三三昧）、三十七品、四諦、十二因緣、中道正觀，因此得入涅槃。」

(6)淨門：「行者若能體識一切諸法本性清淨，即便獲得自性禪也。得此禪故，二乘之人，定證涅槃，若是菩薩，入鐵輪位，具十信心。修行不止，即便出生九種大禪。所謂：自性禪、一切禪、難禪、一切門禪、善人禪、一切行禪、除惱禪、此世他世樂禪、清淨禪。菩薩依是禪故，得大菩提果！已得、今得、當得。」

此六門皆以得證入涅槃及大菩提果為妙，顯示出此六種法門之殊勝及難得。

這種說法，自然是可以成立。但本文只是列出各種禪定之名相，並略說明因之而能證妙果之殊勝處，看來是洋洋大觀，認真說來，對實際的修持，並無實質價值，至多只是引起人們生嚮往之心理。這應該是智者大師為了強調此六種法門之微妙殊勝而說的。同時也可以看出，各種禪定工夫，皆可從此六門之方便而進入。只要能把握到其修持方法之要點或樞紐，即可通達諸禪而無礙。當然若初學修持時，必須要把握其入門之方便才可以。在《釋禪波羅蜜》中，亦只將禪定之入門方法列為三門，即「色門」之「數息觀」、「不淨觀」，以及「心門」三種❻。數息觀及不淨觀，也可以說是一切禪定基本的入門方法，稱二甘露門。《釋禪波羅蜜》說：「此三法是禪門根本故……舉要說三，開即無量。」❼此六妙法門之涵納諸門禪定，亦當含有此義。

二、《六妙門》內容大意

本文只有一卷，文字並不長，雖分為十章，但內容及組織皆可算是相當簡要。茲略述如下：

本文共分為十章：

第一「歷別對諸禪六妙門」：依六妙法門之六種修持方法而能出生各種禪定，亦表明了由此六種禪門可通達諸門禪定三昧。從這些禪定三昧中，或覺其非而入涅槃，或破折、棄捨而入涅槃，或直接進入涅槃，本章即在於說明此六門之所以被稱為「妙」之義。

第二「次第相生六妙門」：在本章中，每一門皆有「修」及「證」二法，從「修數」至「證淨」，共有十二個程序。這次第相生，是由修數、證數，而修隨、證隨……循著六門之排列而層層深入，至證淨時，則能證得無漏智慧。在全文中，本章的系統性說明，對實際修持方便，提供了有實質價值之文字。修學者可循之而作修及證的層次上的參考。

第三「隨便宜六妙門」：在修持時，有時候是不能一成不變地非循著修行之程序層層進入不可。因此，須對每一門之修持加以實習體驗，同時了解心境之需求及適應，才能「隨心所便」，善巧地應用適當之妙門，來「調伏其心」。

第四「對治六妙門」：本章說明了修行中會遇到的三種障礙，即報障、煩惱障及業障，並說明如何以六妙門對治這些障礙。⑴報障中之分別覺觀心，當以數門對治，昏沉散漫心，當以隨門治之，身心急氣流動，當以止門對治。⑵煩惱障中的貪欲和瞋恚，當以觀門中之不淨觀及慈心觀分別治之，愚癡煩惱則應以還門之因緣觀對治。⑶業障出現時，當以淨門之念佛（自性本淨）來對治。

第二、第三及第四這三章，在實際用功方面所提供之參考價值比較高。因為在這三章裡，對各門及會發生之事相，都有相當清楚之說明。其餘各章，大多理論化成分較重，往往未能盡述六門，而以數息加以說明後，其餘五門則以「餘者類推」方式而略述。

第五「相攝六妙門」：此為「自體相攝」及「勝進相攝」二種相攝，來說明每一門皆可以含攝其他五門，故六六或三十六妙門。

第六「通別六妙門」：此為凡夫、外道、聲聞、緣覺及菩薩，五種解慧及根機者，修持六妙門，運用心不同，故得果亦異，本章亦可以解釋六妙門被稱為「不定止觀」之原因。

第七「旋轉六妙門」：「明從空出假旋轉六妙門」，獨菩薩所行。菩薩修持六妙門時，「當發大誓願，憐愍眾生，雖知眾生畢竟空，而欲成就眾生，淨佛國土，故當行六度以對治六蔽。」

第八「觀心六妙門」：大根性行人善知諸法，故不由次第修時，而能直探諸法之源（即眾生心）。「反觀心性，不可得心源，即知萬法皆無根本」。由觀心，而知心即是數隨等六門，故直觀心性，便能具足六門。

第九「圓觀六妙門」：觀心而見一切心一切法，觀菩提而見一切煩惱生死，觀一佛而見一切佛一切眾生，即圓觀諸法，而能「通達一切十方世界，諸佛、凡、聖、色、心、數量法門」。此圓觀法門，微妙不可思議，非口所宣，非心所測，乃利根大士所行。

第十「證相六妙門」：本章則將前九章之修持所證得之相分為四種，而加以說明：一次第證，即推第一章及第二章所證之相；二互證，即第三至第六章所證之相；三旋轉證，第七章所證之相；四圓頓證，即是第八、九兩章所證之相。文中對其證相有清楚之說明。

三、《六妙門》的組織

唐朝荊溪湛然大師將《六妙門》之十章分為四對，加以組織之：「《六妙門》者，亦為十章，一歷諸禪……十證相。此十章中前六通大小及以漏無漏，從第七去獨菩薩法。又前七約事，觀心唯理。又前八屬偏，第九唯圓。又前九約修，第十約證。」❽從前述之大意中，當可明白此四對之對比，今再略釋之：

通大小及獨菩薩：此約前六章及第七、八、九三章之相對。據「第七旋轉六妙門」有說：「上來所說六妙門，悉是共行，與凡夫二乘共故，今此旋轉六妙門（應攝觀心及圓觀二章）者，唯獨菩薩所行，不與聲聞、緣覺共，況諸凡夫！」

約事及唯理：此約前七章及第八、九兩章之相對。前七章之六門皆有事相之說明，雖有失於較理論性之說明，但比起觀心及圓觀之純理論說明，亦可見出其事修方面的部分存在。

屬偏及唯圓：此約前八章及第九章之對比。前八章皆有所偏，第八觀心雖能具足六門，但「觀餘諸法，不得爾乎」。圓觀則能一即一切，一切即一，圓融通達諸法，入無量法門，「初發心時，便成正覺」。

約修及約證：此約前九章及第十章之相對。從上文可看出，前九章皆著重於說明修持法門，雖亦說證相，卻未如第十章完全著重於證相之說明，而歸納前九章之修持於四種證相之中。

從以上內容之簡述，可看出其組織並非十分完密，這或許是因為本文並非長篇大著，或可說只是止觀法門之講要。但不可否認的，其條理亦分明，脈絡可見，由共而不共，由事而理，由偏而圓，由修而證，層層深入。在事修和理論上，頗可參考。

四、小結

本篇只是屬於介紹性之文字，不能當作修行之指南。尤其《六妙門》是屬於靜坐時調心攝心之法門，因此有關學習靜坐之前，應有的事相上及心理上的準備（方便），以及於入禪、坐中、出定三時，應如何善調身、息、心三事，皆沒有任何之說明。而行者若欲行持此止觀法門，當須先知道方便及於三時善調三事，故須參考智者大師的其他三部止觀中，有關二十五方便之資料（尤其《小止觀》），方能明白修習止觀前後之種種情況及有關靜坐之理論。但假如是初學者，則必須先親近善知識或明師，從他們的指導中，打好靜坐之基礎，然後再參考這些書籍，以使事相上的行持與理論上的智慧互相配合、融會，而達到行解並進之實效。

一九八二年八月二十二日完稿於如夢室

六妙法門的修習

一、修習之方便

《六妙門》之修習，對實際的修行以及其過程，有著系統性說明的文字，是在第二章「次第相生六妙門」中。此章依著六門的排列次序，每門開為「修」、「證」二法，故共有十二門，層層深入。在此將加以介紹，並略為說明。不過，由於《六妙門》的六種修持方法，都是屬於在坐禪時所用的調心法門，故在《六妙門》文中，只是直接地將這些法門介紹出來，至於在修習前應有的事相上和心理上的準備，修習時及之後應知道和應作的事項——即所謂的「方便」，都沒有說明。因此，必須參考《小止觀》、《釋禪波羅蜜》及《摩訶止觀》的方便部分。天台止觀中有名的二十五方便中，對於修習禪坐之行者應有的準備及應知的事項中，最重要的應是如何調三事，即是「調身」、「調息」及「調心」。在《釋禪波羅蜜》中，有一段文字說明三時調三事，即：入禪調三事、坐中調三事和出定調三事，頗有參考價值，對行者確有幫助。❾

從上面的文字中，可以理解到如何於三時善調三事。舉要言之：入禪時，是從粗入細，故須調身、調息，然後調心；在坐之中，則隨宜調伏，使身、息、心三者，皆能安住；出定時，是由細出粗，故先動心念，作兩、三次深呼吸，然後動身，按摩下座。程序分明，修學者當須注意，這對打坐者是很重要的。

二、六妙法門的修習

接著談進入修持之法門，即是如何應用修持之方法來攝心調心，使心安住而進入禪定，再由之而開發智慧。這也是坐中調心的一段，在「第二次第相生」章裡，有相當清楚的說明：

（一）修數與證數

1. 修數者：「行者調和氣息，不澀不滑，安詳徐數，從一至十，攝心在數，不令馳散。」❿

這是初入門之方法，也即是「二甘露門」⓫的「數息觀」，是攝心的最好方法之一。倘若此一法門亦無法掌握，則其他法門無論說得如何高、如何妙，皆難以入手，故行者必須重視此一法門。此法看來簡單，其實未必如此。行者於坐定時，將息調好，至不澀不滑後，心情放鬆，將注意力集中於鼻息出入之處；然後隨著呼吸，從一至十地數著，可數入息或出息，但切勿出入息皆數。若數時超過了十，或中間失去了數目，當攝回散心，從一再數起。

若完全沒有靜坐經驗或初學者，要能夠把握到所數的數目，隨著自然呼吸之節奏，綿綿不絕地持續，那也是需要下一番相當工夫，同時經過一段時日的修習。然而初學者切切不可急躁，在數息時，妄想紛紛，若因心急，則不唯妄念愈加紛亂，無法獲得片刻之安靜，亦會令行者對打坐失去信心及興趣。此時當勿理會這些驅之不散、趕之不走的妄念，因妄念是眾生無始以來即不斷在內心紛擾的，故發現此現象後，當更加專注於數息之方法，一心數息，以此攝心，經過一段時日之用功，便會有進步，對數息的方法也漸漸地感到有信心及興趣，而能安心去作這簡單的修持方法。

2. 證數者：「覺心任運，從一至十，不加功力，心住息緣，覺息虛微，心相漸細。」

若至證數階段，則表示已有了明顯的進步。此時自己已經能夠完全安心於數息之方法上，不必刻意去數，而數目能綿綿不斷，粗的妄念已經減少或消失了，其他較細的妄念雖還存在，但已沒有足夠的力量干擾數息的心念。到這種時候，便會「患數為麁，意不欲數。爾時行者，應當放數修隨」。

（二）修隨與證隨

1.修隨者：「捨前數法，一心依隨息之出入，攝心緣息，知息入出，心住息緣，無分散意。」

此時，覺得數息之心念為粗、為累贅，故自然而然地捨去而專心於息上，隨著息之出入而安心其中，妄想分別，力亦微弱，使人感覺到它們似乎並沒有存在。

2.證隨者：「心既微細，安靜不亂，覺息長短，遍身入出，心息任運相依，意慮恬然凝靜。」

此時，心念與息相依，似已合成一體，故息之長短，了了分明，息遍全身流通出入，亦清晰覺知。因此，會有一種恬然凝靜之感覺。但這時由於心念是隨著息之流通出入，而依然是一種運動，故會「覺隨為麁，心厭欲捨，如人疲極（因隨息之心尚是動態的，故持久會有一種疲倦之感覺）欲眠（指心欲進入靜止之境），不樂眾務。爾時，行者應當捨隨修止」。

（三）修止與證止

1.修止者：「息諸緣慮，不念數、隨，凝寂其心。」

要捨棄息之數及隨的時候，因息是動的，心欲靜止下來，故須將心安住於身體一些處於中間之部分，如鼻端、掌心或丹田（丹田位於臍下二寸之處，但此觀丹田或安心於丹田之法，若無師父指導，不宜隨便應用。尤其女眾，若用之不當，影響生理，往往會有血崩或月經不調之生理毛病產生，故須謹慎），心止於一境，則能住於寂止，一切諸緣及慮念便平息，使不生起擾亂之力。此即所謂的「繫緣止」。

但是《釋禪波羅蜜》中，則說明至此時應該應用「制心止」，即「心若覺觀，即制令不起」。⓬也即是說，讓心安住於平靜之中，若一覺察有妄念蠢動，即時制止它，令它不生起，使心凝寂不動。

2.證止者：「覺身心泯然入定，不見內外相貌，定法持心，任運不動。」

能證止者，即已入定，得一心不亂之境界。但行者於此時，切勿因得一心之定境，獲得輕安、寂靜、穩定之種種樂境，而耽著其中或貪戀不捨。因為此定只是心力之全部集中，固然能得禪定之樂，獲宗教之體驗，發出一些不可思議之力量（神通），但卻不能斷除煩惱，了脫生死，故非學佛者修禪之目標。行者當知此定「皆屬因緣，陰、界、入法，和合而有，虛誑不實」，故應以此定為基礎，不著於此止定之境而起返照明觀，修習智慧。

（四）修觀與證觀

1.修觀者：「於定心中，以慧分別。觀於微細出入息相，如空中風；皮肉筋骨，三十六物，如芭蕉不實；心識無常，剎那不住，無有我人，身受心法，皆無自性，不得人法，定何所依？」

此即是觀照之心，對息相、四大、五蘊等諸法之自性（無常、無我）作深入之觀察。平常所聞佛法，雖知無常無我之義理，但未作觀察，只懂得其理而無親切之感，此時已得定心，定心深細，觀照作用非常敏銳，故於起覺照時，就能深刻地覺察，甚至親身體驗到無常和無我之真相，深徹地明瞭諸法緣起之真諦。

2.證觀者：「如是觀時，覺息出入遍諸毛孔，心眼開明，徹見三十六物，及諸虫戶，內外不淨，剎那變易，心生悲喜，得四念處，破四顛倒。」

當觀照之工夫用得較深時，即能洞見內外之種種不淨物；徹見緣起和合之身心，剎那變易不住，無常無我，覺受是苦。證身、受、心、法四種念處，破淨、樂、常、我四種世間顛倒之見。「觀相既發，心緣觀境，分別破折，覺念流動，非真實道。爾時當捨觀修還。」

（五）修還與證還

1.修還者：「既知觀從心生，若從折境，此即不會本源。應當反觀觀心：此觀心者，從何而生？為從觀心生？為從非觀心生？若從觀心生，即已有觀，今實不爾，所以者何？數、隨、止等三法中，未有即觀故。若從不觀心生，不觀心為滅生，為不滅生？若不滅生，即二心並，若滅法生，滅法已謝，不能生觀。若言：亦滅亦不滅生，乃至非滅非不滅生，皆不可得。當知觀心本自不生，不生故不有，不有故即空，空故無觀心。若無觀心，豈有觀境？境智雙亡，還源之要也。」

前面之種種觀想法，是以能觀之心智，去觀照種種境界，證境時，即能生出觀照之慧，見種種境，然此時則還照能觀之觀心。觀照此能觀之心從何而生？不論從觀心或非觀心生，在返照之下，皆不可得。於此種種剖析，覺察到能觀之心非有即空。能觀之心既然是空，所觀之境亦非有，故心境雙亡，歸還本源。

2.證還者：「心慧開發，不加功力，任運自能破折，反本還源。」

此時智慧開發，證境加深，不加功力而能任運自然，返照境智雙亡之境。然此時當知「若離境智，欲歸無境智，不離境智縛，以隨二邊故，爾時當捨還門，安心淨道」。

（六）修淨與證淨

1.修淨者：「知色淨故，不起妄想分別，受想行識，亦復如是！息妄想垢……息分別垢……息取我垢，是名修淨。舉要言之：若能心如本淨，是名修淨。亦不得能修、所修及淨、不淨，是名修淨。」

見五蘊等一切法本淨，故不起種種妄想分別。此時則妄想、分別、我執等垢皆息滅，並能見一切法之能所、淨垢、生滅等相對法，皆成戲論，一切本來即清淨無染，如如不動，則能徹見諸法之本性。

2.證淨者：「如是修時，豁然心慧相應，無礙方便，任運開發，三昧正受，心無依恃……真無漏慧發也，三界垢盡。」

若能於修淨時，證得本性清淨之境界，心慧相應，入三昧正受，則無漏慧開發現前，斷三界垢盡而證入涅槃，了脫生死。

三、小結

從上述的文字中，我們可以了解《六妙門》的修習事相。《六妙門》雖分為六，其實可歸納為「止」與「觀」二門。「止」門即是「數」、「隨」、「止」，是屬於修定的法門，因為這三個方法皆著重在使內心止息妄念，而能安住於定境中。「觀」門即是「觀」、「還」、「淨」，是屬於修慧的法門。此三門皆著重在智慧的觀照，因此文中又提及，「觀眾生空故名為觀，觀實法空故名為還，觀平等空故名為淨」；「空三昧相應故名為觀，無相三昧相應故名為還，無作三昧相應故名為淨」；「一切外觀名為觀，一切內觀名為還，一切非內非外觀名為淨」；「從假入空觀故名為觀，從空入假觀名為還，空假一心觀名為淨」。

止門是觀門的前方便，若無此三種修定之工夫為基礎，行者未能止息妄念或達到一心不亂之定境，則觀門的修慧法門，難以入手。雖亦能作觀想，但以散亂心或不定心作觀，往往成為妄想，對於所觀之境，亦只能以虛妄分別之心念去理解分別，縱使再了解得深刻，亦難成出世間的無漏慧，不能斷除生死之本，煩惱之根。

但若只停滯在禪定的境界，沒有再進一步去觀慧，則所修得之境界，也只能算是世間之禪定工夫，與外道所修的沒有兩樣。因為佛法的特質是智慧的修習，觀照離去了智慧，便不能見到佛法與世間法不一樣的地方，也顯示不出佛法的深湛偉大。

《六妙門》是著重於智慧的修持方法，適應慧修的眾生。在《釋禪波羅蜜》中有說：「自有眾生慧性多而空性少，為說六妙門。六妙門中，慧性多故，於欲界（定或）初禪中，即能發無漏，此未必至上地諸禪也。」⑬此法門雖以慧修為重，不需入深定而能發無漏慧，但也必須具有基本的定境，否則無漏智慧亦無法開發。這是六妙法門的特點。

有一些修持佛法者，皆有所偏重。偏於修定者，終日以打坐為要務，視讀經思惟為贅；偏於修慧者，則只重視理論的了解或未得基本定功便大作觀想，這都是有所偏的。行者當明白修止與修觀的重要性，止觀並進，定慧雙修，才是佛教之中道法門。

六妙法門的對治法

一、修行對治

修行即是修正我們的行為，使之合乎於法性。我們由於無始以來的煩惱驅使，在日常生活中的一念一語、一舉一動，皆違背了法性，故而造業，流轉生死。如今既知這是不正確的行為，就必須作適當的修正，使自己的身心能契入法性而解脫生死。

然而煩惱的力量十分頑強，尤其怠惰放逸的習氣頗重，故要修改、修正它，不是一件容易的事。我們假如隨著煩惱習氣做事，則如順水推舟，舟行甚速；修道，則如逆水行舟，舟行甚緩，而且隨時不留意，都將導致舟被順水沖下去。修行是一條長遠的道路，在這條路上，必不會是順順利利、無障無礙的。我們隨時會碰到障礙而無法前進，若又對之屈服或無法克服它，則必會因此而退步。但是假如我們能夠克制它，或除去障礙，我們的修持必然會跨進一大步，即是所謂的「除障顯理」。

要除障，必須知道障相及對治之法。因此，一本好的修行指南，必會有關於障相之敘述及除障或對治之法的指導。我們知道，各人的煩惱習氣並不完全一樣，尤其環境及其他因緣，更是有差別。因此障礙之產生，也是多種類的，當然無法有一個固定不變的方法來對治。經中常說八萬四千煩惱，故需八萬四千法門，以個別去對治。不過，假如我們能夠把握住根本原則，我們會發現障礙的種類也只有數種而已。若能把握住其根本，則其枝末當不成為大問題了。

智者大師在他有關止觀的專著中，即曾依據經典而對修行的障礙作了一些解說，並提示對治之法門。其中，尤以《釋禪波羅蜜》第六章「明內方便」明惡根性中，說得最為詳細。他是以五停心之法門對治五種惡根性：以數息對治覺觀，以不淨觀對治貪欲，以慈觀對治瞋恚，以因緣觀對治愚癡，以念佛觀對治惡業障。每項之中復分為三種，故一共有十五種障礙相及十五種對治法。這已可以包括我們在修持期間，內心所可能發生的障礙了。故此文對於修息止觀及修行禪定的行者，有甚高的參考價值。雖然這些說法是一般修學者都可能熟悉的，但本文的特色，是對它的解說很詳細、很有系統。我們在此不擬加以作詳細之闡述，大家可以直接去參考該文⑭。

另外，在《六妙門》一文中，也有「對治六妙門」一章，列於《六妙門》第四章⑮。《六妙門》比《釋禪波羅蜜》先出，而其文只有一卷，比起《釋禪波羅蜜》，只有它的十分之一。因此，此對治法門亦不及《釋禪波羅蜜》之詳細，只能算是略述，但它們在基本上卻是相同的。我們就是對這一章作一個介紹，俾行者能有所了解，同時把握住對治之方法，這樣才不會在修行時，因碰到障礙之產生，而發生懈怠或恐懼等沒有必要的心理。因為這些心理的產生，只有使障礙更為嚴重和複雜，有弊而無一利。

二、三障的對治

在「對治六妙門」中，把心理的障礙分為三障：即（一）報障，（二）煩惱障，（三）業障。在三障中，又各分為三種，故一共有九種。今述其障相，並說明隨著障礙之發生而施治的對治法。

（一）報障

「即是今世不善，麁動散亂，障界入也。」報障之三種相及三種對治法如下：

1.覺觀多：其相是「分別覺觀心，散動、攀緣諸境，無暫停住……浮動明利，攀緣諸境，心散縱橫，如猿猴得樹，難可制錄。」

這是一般初學者都會發生的現象。我們的內心本來就是妄念紛飛的，但在未用功時，由於心散亂而無從得知。一旦用功，心稍得平靜下來，紛飛的妄念便明顯地出現，混亂而且雜多。此時內心很容易生起煩躁之感，並往往會以為自己學打坐後，反而增加了更多的妄念。實際上，能覺察到這些妄念，乃是靜坐的進步現象。正如對著混濁的河水，我們雖知其濁，但因為水在流動，故無從得見其混濁之塵體。一旦從河中取出濁水，置之於杯中，由於水處於靜態，便能清楚看到水中混濁之垢體。

這即如我們用功後，心稍得平靜，妄念便清楚呈現。此時，當以「數」息之法對治。即是不去理會妄念之紛擾，而專注於數息的方法上。正如我們不必去撈起杯中的汙垢，因為我們愈攪，水之混濁汙垢便愈混亂。妄念也是如此，我們愈是想對付它、除去它，妄念便愈多、愈混亂，因為想對付妄念和除去妄念的念頭本身便是妄念了。此時，只要我們將心完全安住於數息法上，則妄念自然會減少而至消失，如杯中的濁水，只要置之案上不動，濁物自然會沉澱的。

2.昏暗及散心：其相是「昏即無記心，暗即睡眠，散即心浮越逸。」

這往往是在對治分別覺觀心或紛亂之妄念後，心已較平靜時所會發生的現象。妄念已稍止息，心往往容易陷入一種昏沉欲眠的狀態，這時內心除了處於無記，有時也會出現昏睡而有夢境的現象；或者有時心也會散漫放逸，浮遊放蕩，不肯安住。此時心力弱，往往無法提起精神來，更無法用功了，故須警覺，然後以「隨」息的方法加以對治。即是調心隨習，專注於息之出入，明明白白地觀照它，依著息之出入為緣，而不放下或分散心意。若能專照於息之出入，了了分明，則能治無記及昏睡之心；若能使心安住於息，依息為緣，則能對治散逸之心。

3.身心急氣，粗心流動：

這往往是在打坐時，由於身體某部分的肌肉或某些器官，因坐姿不正或其他原因，引起了某種壓力而產生緊張的感覺，進而影響到整個身心，有時候則是因內心的恐懼或有壓力而產生緊張的感覺。這都會造成身心急氣，及粗念動亂的現象。此時當以「止」的方法來對治，放寬身體，讓心情輕鬆，呼吸要調好，使出入息自然而暢通；然後將心安住於一境，如安於鼻端、心或丹田等部位，或安心於平靜之中，一覺妄念，即制止，使心凝寂不動。這樣一來，緊張的感覺必會緩和乃至消除，粗慮便得以靜止。

（二）煩惱障

「即三毒、十使等諸煩惱也。」此亦有三：

1.貪欲煩惱障：

在靜坐時，貪欲煩惱經常都會生起，或緣種種好色、好聲等五欲塵而生起愛欲之心，或念於過去的一些美好境界，或對未來之美好憧憬，或對打坐時的種種舒服境界而生起貪念，或因打坐時有某些境界出現而執著，這都是貪欲煩惱。此煩惱若不除，染著愈深，愈是無法解脫，境界現前而染著，工夫則會停留不前。故一旦警覺是貪欲煩惱生起，即當以「觀」門中的不淨觀，如作九想觀、八背捨等觀想對治；亦即觀察身體及世間法之種種不淨非解脫法，若執此不淨為淨，則只有增強輪迴之力，故世間及身體實無一可貪著，內心之欲念衝動便得以漸漸消失。

2.瞋恚煩惱障：

在靜坐時，瞋恚煩惱亦容易生起。有時是緣種種不如意事，或緣怨家而起瞋恚；有時是因為在靜坐時，有外人來惱亂或外緣干擾而生起；有時則於靜坐時，因為憶念以前與人諍論之情況，自以為是而以他人為非，故起瞋恚。總之，一切不順意之外境皆可引起瞋恚煩惱，此煩惱一起，心裡必然無法平靜。這種情況之下，自然無法好好用功，故必須以適當法門對治，也就是以「觀」門中的慈心觀對治，先緣一位最親愛的人得樂之相，因他的得樂而使自己內心亦產生欣樂之感，然後再緣其他的親人得樂之相，成就後再進而緣中人、緣怨家、緣一切眾生得樂之相。因他們得樂，己心亦隨之而得樂。由於此樂之產生，瞋恚之心便會消除。若經常以慈心作觀想者，內心會充滿喜樂，處處與人相處，皆能表現出歡樂之相，而能感染他人。這種心態，若善於提昇，便會成為修行菩薩道之動力，斷除瞋恚心。

3.愚癡、邪見煩惱障：

愚癡並不是一無所知，而是對世間的實相和人生的真理不了解，或沒有正確的了知。在靜坐時，這種顛倒邪見會出現，使我們懷疑佛法，並產生顛倒的見解。若未加以克服或破除，很有可能因此而落入外道，這時須以「還」門來對治；也就是返照生命流轉的十二因緣，去探求生命流轉的真相，破折心源，探出生命流轉之根源，並觀三空道品以斷除之，還歸本性。若此觀想作得好，便會產生智慧，斷除煩惱。

（三）業障

「即是過去、現在所起障道惡業，於未受報中間，能障聖道也。」業障共有三種，皆以「淨」門中的念佛加以對治。

1.黑暗業障：「於坐禪中，忽然垢心昏暗，迷失境界。」在坐禪時，有時候會受到黑暗的侵襲，而使內心及眼前出現一片昏暗，這也是愚癡的業障，屆時便會迷失了境界。爾時便須以「淨」門中，念方便淨應身佛的三十二相莊嚴，清淨光明，以為對治，這即是以應身佛之相好光明對治業障的黑暗，如以燈光破除黑暗一般。

2.惡念業障：「於坐禪中，忽然惡念，思惟貪欲，無惡不造，當亦是過去罪業所之作也。」在坐禪時，有時候會沒來由地忽然生起惡念，而且相續不斷。在惡念之中，思惟著種種貪欲之相，並於意念中造作種種惡業，這時必須要以淨門中念圓滿報身佛之一切種智，圓淨常樂功德對治。以佛的智慧，圓滿清淨之功德對治內心的惡念業障，若正念相續，則惡心必會消除。

3.惡境界業障：「於坐禪中，若有種種諸惡境界相現，乃至逼迫身心，當知悉是過去、今世所造惡業障發也。」修禪時，惡緣逆境之現前，是必然會出現的。若輕微的，身心煩躁；較重的，則身心受到逼迫，障礙進境，或感痛苦。此時須以淨門中念法身佛本淨，不生不滅，本性清淨以對治之。因為這些惡緣惡境皆是宿世或今世之惡業所引起，故以清淨之心念，與本淨和不生不滅之法身相應，則惡業便得以破除。

三、小結

把修行過程所可能發生的障礙，分為九種，並以六妙法門去對治，只能算是舉其大略。但若能掌握之，於修持或得諸深禪定時，此種種障生起，善巧地應用而對治，必能將粗和細的障法去除。障法若得除去，則智慧顯發，步向解脫之道，預期可望。由此可見，除障對治之工夫，是重要的，是修持者切切不可忽略的！

一九八三年元月二十二日脫稿於如夢室

修學六妙法門的根機

一、不定止觀之義

六妙法門（即六種修行的妙法：1.數〔息〕，2.隨〔息〕，3.止〔於一境〕，4.觀〔想〕，5.〔觀〕還，6.〔觀〕淨），亦被稱為不定止觀。湛然大師在《止觀輔行傳弘決》解釋：「文兼事理及有漏等，修發不同，故名不定。」⑯。在《六妙門》本文中，也可以發現其對不定止觀的解說，雖然文中並沒有明顯指出，但我們總其說法，亦可判定它被稱為不定止觀之原因。

在《六妙門》第六章「通別六妙門」中，即提到修行六妙法門者，因用心不同，根機不一，解慧有別，故雖同樣修學六妙門，所得的果卻有異。文中說：「凡夫、外道、二乘、菩薩，通觀數息一法，而解慧不同；是故證涅槃殊別，隨、止、觀、還、淨，亦復如是。」⑰本文將修學的不同根機，分為五種：凡夫、外道、聲聞、緣覺和菩薩，並以此五種行人修行的不同解慧和用心來說明其果報。

（一）凡夫境界

1.鈍根凡夫：在五種行人中，此類行人根機最鈍。他們修習數息時，只知道一至十的數，而「令心安定，欲望此入禪，受諸快樂」。他們也「貪生死」，不能了解修定的更深一層意義，只以修定為健身或治療心理毛病的方法。這類行者，大多非宗教徒或一些根機較淺的宗教徒，因此只能以世俗的態度，或以世間的心理學角度來看待修習禪定的效果。本文認為這含有危險性，若知見不正，會「於數息中而起魔業」。

2.利根外道：比起前一種人，這自然是根機要利一點，其「見心猛盛」，數息時，非但調心，更「欲求禪定」，但隨著妄見生分別，而去分別所數的息是有無、去不去、有邊無邊、常無常等等無記之理論，並「隨心所見，計以為實」。如此，末了反而落入「數息戲論，四邊火燒，生煩惱處，長夜貪著邪見，造諸邪行，斷滅善根，不曾（會）無生」。此等行人因不解佛法，未得正知見而修持，故不能與正法相應。雖根機稍利，但仍與凡夫一樣，「三界生死，輪迴無別」。

前二種根機，都不是佛法所讚許的。若修學六妙法門或禪定者，欲修出世間行，了脫生死，當先理解佛法，修習以下所說之六妙法門。

（二）小乘境界

1.聲聞乘：「行者欲速出三界，自求涅槃故」，在修習的過程中，不離四諦正觀。因此在修行時，能觀照「息依身，身依心，三事和合，名陰、界、入」，而知道陰、界、入者即是「苦」；「若人貪著陰、界、入法，乃至隨逐見心，分別陰、界、入法，即名為集」。這是對世間輪迴之苦及其原因（集）之深刻理解，若能從中透視，不為其所縛，而「能達息真性，即能知苦無生，不起四受，四行不生，即鈍使、利使，諸煩惱結，寂然不起，故名為滅」，此即生死之解脫。然亦必須要「知苦正慧，能通理無壅」，實踐其「道」，方能「畢故不造新」，得聲聞果，解脫生死。

2.緣覺乘：「行者求自然慧，樂獨善寂，深知諸法因緣」。修習時，因數息而知數息之念為有，有則是因取而生，取則因愛而有，如此推廣，便見一切行皆因無明而生起，故能照見因緣流轉而有生死，並能照知流轉之根源為無明。而實際上，「無明體性，本自不有；妄想因緣，和合而生」，從而更透過觀察，而「深知數息屬因緣，空無自性，不受不著，不念不分別，心如空虛，寂然不動」，此時即能「豁然無漏心生，成緣覺道」。

此二種行人，在佛教裡被稱為二乘，亦稱小乘。這是因為他們在觀照用功時，以個人生死解脫為首要任務，故所得之果證亦只屬個人的解脫，對於急求出離者，這雖不圓滿，但也是很適合的法門。佛陀並不十分讚賞這種態度，因為過分地強調自利行（非自私），無法表現佛教的大慈悲度世之精神，於利他之行持顯得不夠積極，故應再進一步去修持大乘。

（三）大乘境界

菩薩乘：「行者為求一切智、佛智、自然智、無師智、如來知見力、無所畏，愍念安樂無量眾生，故修數息」，行者知六妙法門為一切諸佛入道之初門，因此發心學菩薩道而調心數息。在修息時，能知一切如敵，不住生死，不在涅槃，「以平等大慧，即無取捨心」，入於中道，得無生忍，完成菩薩道，圓滿佛果。

有關菩薩行六妙法門，將於下段談及，因為這是修學佛法的最重要法門。

二、菩薩行六妙法門

根據印順導師《成佛之道》的說法，修學菩薩而要成就佛道者，當有三個要則：「菩提心相應，慈悲為上首，空慧是方便」；《大般若經》則說：「一切智智相應作意，大悲為上首，無所得為方便」；龍樹菩薩的《寶鬘論》說：「其本菩提心，堅固如山王；依十方際悲，不著二邊慧」；《大日經》也大體相同說：「大菩提為因，慈悲為根本，以方便而至究竟」⑱。這些皆在說明修學菩薩道，必須具備菩提心、大悲心和空慧。

（一）菩提心與大悲心

所謂菩提心，即是成佛的志願。要學菩薩道者，必須要發菩提心，否則一切修持不是落入人天乘，便是落入聲聞、緣覺二乘。有了成佛的志願，修行的一切功德才能迴向佛道。發菩提心後，必須要實踐菩薩道，否則便成了空願；而菩薩道之實踐，不能缺乏大悲心。有了大悲心，才會發起救度眾生之宏願，才會思及做度生的工作，一切的修持，才會恆順眾生之需求。但假如只有悲心，而沒有普及方便，這種慈悲不是落入濫情，便要出禍害。而方便善巧則必須要有般若空慧，一切修持和度生工作皆以空慧引導，不著相、不染著，雖知一切性空，卻不妨礙建立空花水月道場，為度生而汲汲於佛道上。三心相應，圓成佛果。

修學六妙法門，也有屬於菩薩行的，這在第七章「旋轉六妙門」中有提及。文中說：「今此旋轉六妙門者，唯獨菩薩所行，不與聲聞、緣覺共，況諸凡夫！」

菩薩所行的六妙法門，最重要的即是「當發大誓願，憐愍眾生；雖知眾生畢竟空，而欲成就眾生，淨佛國土，盡未來際」，這一大誓願，即是菩提心與大悲心了。這一大願之引發，才真正顯示菩薩行者在修行時，與菩薩道時時相應，這才是大乘的法門，而不落入自利的小道。

（二）般若空慧

除了菩提心與大悲心，在菩薩道的修持過程尚有一重要條件，即是般若空慧。因此，在發宏願後，「即當了所數息——包括隨、止、觀、還、淨及一切法門——不生不滅，其性空寂；即息是空，非息滅空，息性自空，息即是空，空即是息；離空無息，離息無空，一切諸法，亦復如是！」這一空慧的證驗和認識是非常重要的。觀息（即觀一切法）性空，不著一切相，卻又能通達四諦、十二因緣、六度。通達四諦，於度生時，方能為聲聞根機演說四諦法門；通達十二因緣，才能為緣覺根機分別十二因緣；通達六度而廣行，才能對治六蔽，度化無量眾生。

三、小結

修學佛法，知見與發心都是很重要的，因為它們確定了我們修學的方向和目標。若沒有佛法的引導，知見不正，發心不正，便會走入歧途，或者不能圓成佛道。所以修行者，必須要多聞佛法，深入藏海，培養正知正見，以確定自己修行的道路；並發菩提心，起大悲心，以確定成佛為最終目標。如此，我們學佛才有意義，才能達到圓滿。

脫稿於如夢室

註釋

❶四部止觀即是：1.《圓頓止觀》，大師於荊州玉泉寺說，章安記為十卷，稱《摩訶止觀》。2.《漸次止觀》，在瓦官寺說，弟子法慎記，本三十卷，章安治定為十卷，稱《釋禪波羅蜜次第法門》，也稱為《次第禪門》。3.《小止觀》，又稱《童蒙止觀》，是大師為其俗家兄長陳鍼而出，稱為《修習止觀坐禪法要》。4.《不定止觀》，即《六妙門》。此四部止觀皆收於《大正藏》第四十六冊。

❷湛然大師《止觀輔行傳弘決》（《摩訶止觀》之註解），《大正藏》四六．一五六中。

❸「次第相生六妙門」這一章中，是以「修」及「證」二法來說明六妙法門的修持程序，層層進入。此處應文中之需要及因篇幅關係，只錄了其中修法部分。

❹《釋禪波羅蜜》「明禪門第三」說禪門本有無量，原其根本，則只有二，即色門和心門。色門中再分為二，即所謂的二甘露門：阿那波那門（安那般那），即息門；不淨觀門。故一共有三門可入達諸禪。《大正藏》四六．四七九上中。

❺《釋禪波羅蜜》，《大正藏》四六．四八〇中。

❻見註❹。

❼《釋禪波羅蜜》，《大正藏》四六．四七九中。

❽《止觀輔行傳弘決》，《大正藏》四六．一五六中。

❾智者大師《釋禪波羅蜜》，《大正藏》四六．四八九下—四九〇中。參考「天台二十五方便的探索」。

❿《六妙門》，《大正藏》四六．五四九下—五五〇中。以下有關《六妙門》次第相生章的修息文字之引用，皆可見於此頁數內，不另一一註明。

⓫二甘露門即是：1.不淨觀，2.數息觀。

⓬《釋禪波羅蜜》，《大正藏》四六．五二四下、四九二上。

⓭《釋禪波羅蜜》，《大正藏》四六．五二四上—中。

⓮有關《釋禪波羅蜜》中述及惡根性及其對治法的文字，可參閱《釋禪波羅蜜》卷四，《大正藏》四六．五〇一—五〇三。

⓯《六妙門》，《大正藏》四六．五五一上—下。

⓰湛然大師《止觀輔行傳弘決》，《大正藏》四六．一五六中。

⓱凡引號中引用《六妙門》一文之文字者，皆於《大正藏》四六．五五二上—五五三下之中，故其他引用文字不再另外一一註明。

⓲菩薩道之三要則，參考印順導師《成佛之道》第二七四頁—二七七頁。

國家圖書館出版品預行編目資料

六妙門講記／釋繼程著. -- 初版. -- 臺北市
：法鼓文化, 民98.3
面； 公分. --（智慧人；10）

ISBN 978-957-598-453-3（平裝）

1. 天臺宗 2.注釋 3.佛教修持

226.42 98000433

智慧人 10

六妙門講記

著者／釋繼程
出版／法鼓文化
總監／釋果賢
總編輯／陳重光
責任編輯／李書儀
封面設計／兩隻老虎廣告設計有限公司
內頁美編／連紫吟、曹任華
地址／臺北市北投區公館路186號5樓
電話／(02)2893-4646 傳真／(02)2896-0731
網址／http://www.ddc.com.tw
E-mail／market@ddc.com.tw
讀者服務專線／(02)2896-1600
初版一刷／2009年3月
初版六刷／2022年12月
建議售價／新臺幣280元
郵撥帳號／50013371
戶名／財團法人法鼓山文教基金會—法鼓文化
北美經銷處／紐約東初禪寺
Chan Meditation Center (New York, USA)
Tel／(718)592-6593 E-mail／chancenter@gmail.com

法鼓文化